Thorsten Nack

den nächsten
KUNDEN
BRING ICH UM

ISENSEE VERLAG
OLDENBURG

Bibliografische Information der Deutschen Bibliothek
Die Deutsche Bibliothek verzeichnet diese Publikation in der
Deutschen Nationalbibliografie; detaillierte bibliografische Daten
sind im Internet über <http://dnb.ddb.de> abrufbar.

ISBN 978-3-7308-1684-4

Gedruckt bei Isensee in Oldenburg

Inhaltsverzeichnis

Vorwort

𝒢eschichten aufschreiben – einfach mal Gedanken verarbeiten – Erlebnisse, die es wert sind, notiert zu werden und nicht verloren gehen sollten. Zugleich eine Therapie, um negative Vorkommnisse besser zu verarbeiten. Schöne, lustige, witzige, traurige und auch ärgerliche Vorkommnisse aus dem Einzelhandel sollten hiermit festgehalten werden. Begebenheiten wie die folgenden:

… Bei mir am Tresen bestellten Kunden oft „Oldenburger Brocken". Der Brocken steht im Harz. Sie meinten sicherlich „Oldenburger Broken", einen nach orthodoxer Methode hergestellten Ostfriesentee, der nach dem Blattgrad auf Englisch als „broken" bezeichnet wird.

… „Leb dein Leben, sei recht froh, sonst tun es deine Erben so" erwiderte ich gerne, wenn mal wieder ein Kunde meinte, unsere Ware sei teuer! Dabei war es immer schon teuer gewesen, wenn ich billig und dadurch oft gekauft hatte. Unsere Ware war des Preises wert (also preiswert)!

… Oder ich gab, wenn der Mann bezahlte, der Frau das Wechselgeld zurück. Der Mann schaute mich anschließend fragend an, die Frau nahm jedoch mit Schadenfreude und leicht amüsiert gerne das Geld, um es in ihrem Portemonnaie zu verstauen. Beim nächsten Gang in die Stadt, an unserem Geschäft in der Gaststraße vorbei, sagte die Frau dann süffisant zu ihrem Mann: „Schatz – ich glaub wir bräuchten noch Tee!" – oder sie vielleicht etwas Taschengeld?

So fing alles an! Was zuerst kein Buch werden sollte, entwickelte sich doch sehr schnell als solches. Erstmal unter Notizen im Handy eingegeben, wurde daraus ein Strauß bunter Vielfalt von Stories, die nur so aus der Feder flossen, beziehungsweise auf der Tastatur des Apparates wie von Geisterhand erschienen. Sie verwandelten sich in dieses Buch, das heute vor Ihnen liegt.

Herrliche Menschenstudien während einer Tierausstellung in der Mall, wo wir unser Ladenlokal haben. Der Kunde des Jahres. Ein zerbeulter Silberkübel. Die Prinzessin von Sylt und so viele Geschichten mehr…

Alles Ereignisse, die es wert sind, auf Papier gedruckt zu werden und Sie als Leser/Leserin hoffentlich genauso zum

Schmunzeln, Staunen und Lachen bewegen werden wie mich. Ich wünsche Ihnen viel Freude mit diesem Buch und den vielen Erlebnissen aus meinem Leben als Teeverkäufer in Wilhelmshaven und Oldenburg.

Bin ich jetzt etwa Autor?

Zu meiner Person: Ich, Thorsten Alexander Nack, wurde am 10. Oktober 1962 des letzten Jahrhunderts mit dem Sternzeichen Waage in der Freien und Hansestadt Bremen geboren, einer typischen Kaffeestadt. Als letztes von insgesamt fünf Kindern zog ich im Alter von fünf Jahren mit meiner Familie nach Schlicktown, auch bekannt als Wilhelmshaven, wo man natürlich Ostfriesentee trank. Meine schulische Ausbildung erfuhr ich also in Wilhelmshaven und beendete diese mit einem qualifizierten Abschluss der Sekundar-

stufe 2 – vorwiegend hatte ich mich mit Abschreiben (erst recht in Deutsch) durchgemogelt und wenig Interesse für die Schule gezeigt. Auf gut Deutsch war ich also damals ein „fauler Hund", jedoch mit ordentlichem Endergebnis. Danach dann eine Lehre.

Bei den 60'er-Jahrgängen gab es damals sehr viele junge Männer, die einen Lehrplatz suchten. Man sagte mir folglich im Arbeitsamt, dass aufgrund des Mangels an Ausbildungsplätzen und meines Abschlusses nur zwei Berufe übrigblieben: Zum einen Kraftfahrzeugmechaniker und zum anderen Einzelhandelskaufmann. Ok – also Einzelhandelskaufmann in einem Farben- und Tapetengeschäft, weil ich ja schon damals ein Schöngeist war. Während der Ausbildung dann auch das „Coming Out". Dann lernte ich Michael kennen.

Nach der Lehre wurde ich von der Möbelbranche als Verkäufer für Polstermöbel abgeworben. Darauf folgte ein zwischenzeitlicher Ausflug in die Floristik, weil mein Partner meinte, wir hätten nur eine Verantwortung für uns selber und leider für keine eigenen Kinder. Somit sollten wir einem Berufswunsch nachgehen, der unseren Neigungen entspräche. Alsbald merkte ich, dass Mann als Florist jedoch wenig Geld verdiente und schlechte Arbeitszeiten bis in den späten Abend und an den Wochenenden hatte. Zudem ließen mich die zerschlissenen Hände und die schnell vergängliche Ware zu der Erkenntnis kommen, dass man aus einem Hobby nicht immer auch zugleich einen Beruf machen kann. Auch diese Tätigkeit war also nicht das, was ich bis an mein Lebensende machen wollte. Über Umwege kam ich wieder zurück zur Innenarchitektur. Dieses Mal jedoch als Möbelverkäufer in einem edlen Einrichtungshaus unserer Stadt – hier lernte ich damals auch das eigentliche Verkaufen. Nach fast zehn Jahren und ohne eine ordentliche Zukunft in Aussicht bemerkte ich allerdings, dass ich immer noch nicht beruflich angekommen war.

Da tat sich mit dem Bau einer Einkaufspassage im Zentrum der Stadt in Wilhelmshaven die Chance auf, den Schritt in die Selbstständigkeit zu wagen. Auch dieses Mal war es mein Lebensgefährte und zukünftiger Ehemann Michael, gelernter Groß- und Außenhandelskaufmann sowie auf zweitem Bildungsweg gelernter Verwaltungsfachangestellter, der dieses Vorhaben mit sachgerechter Planung und dem Geld aus einem früheren Investment beflügelte. Damals hatte Michael gemeinsam mit einem guten gemeinsamen Freund den Wurstpalast gegründet. Mit einem Bratwurstpavillon war schon damals gutes Geld zu verdienen. Da der Name Wurstpalast so erfolgreich war, ergab sich schnell der Firmenname „Teepalast".

Die Liebe zum Tee, einem regional stark gefragten Artikel mit langem Mindesthaltbarkeitsdatum, das anders als Blumen nicht verwelken konnte, plus die Tatsache, dass es sich bei Tee um einen Verbrauchsartikel handelt, den man, wenn man ihn erstmal verköstigt hat, immer wieder haben muss, versprach automatisch Stammkunden. So war die Entscheidung einen Teepalast zu eröffnen der Anfang einer langen Erfolgsgeschichte, die mittlerweile in drei Betrieben, dem ersten Laden in Wilhelmshaven, einem Tee-Onlineshop und zu guter Letzt dem zweiten Laden in Oldenburg, zuweilen mehr als zehn Angestellten Arbeit und Lebensunterhalt bietet.

Doch woher kam eigentlich meine Liebe zum Tee, wenn ich doch ursprünglich aus einer Kaffeestadt stammte? Während eines USA-Aufenthalts, wo eigentlich massenweise Kaffee aus Plastikbechern getrunken wird, machte ich vor etwa 35 Jahren meine erste Erfahrung mit einem Oolong-Tee. In einem asiatischen Restaurant in Bostons Chinatown wurde damals zu jedem Essen eine Kanne Oolong gratis serviert. Für mich war dieser erste Oolong ein Schlüsselerlebnis und ich ging fortan in jeden Teeladen, um nach einem Oolong-Tee zu fragen. Diese Liebe zum Tee führte dann viele Jahre und einige berufliche Umwege später zur Eröffnung des ersten Teepalasts. Die Liebe für dieses Lebensmittel hält bis heute…

So verging Monat für Monat, eine Jahreszeit folgte der nächsten, Jahr für Jahr verstrich und eh ich mich versah, kam ich in das Alter, wo man langsam ans Aufhören denkt.

Doch bevor es so weit ist, wollte ich unbedingt dieses Buch noch fertigbringen und erleben, ob sich auch andere dafür interessieren, mitfühlen und, genauso wie ich damals, mitlachen und mitweinen können.

Nur in den Urlauben, wo ich die Ruhe hatte mich zurückzuziehen und die Muße fand, meine Gedanken in Worte zu fassen, kam ich zum Schreiben. Nun werde ich wohl als einziger Autor, der sein Buch mit dem Handy verfasste, in die Geschichte eingehen.

Ich hatte erst gar nicht vor, ein Buch zu schreiben. Ich wollte mir einfach mal etwas von der Seele reden, um Erlebtes besser für mich zu verarbeiten. Somit begann ich, meine in Gedanken festgehaltenen Stories aufzuschreiben und bemerkte schnell, dass es mir trotz nicht so guter schulischer Kenntnisse wider Erwarten leichtfiel. So entstand die Idee, daraus ein Buch zu machen. Michael meinte einst, wenn er merkte, dass es bei mir mit dem Schreiben stockte, ich solle mir einfach Geschichten ausdenken. Das jedoch wollte ich auf keinen Fall. Authentizität und Spannung würden dabei verloren gehen. Es sollte eine Autobiografie werden und kein Roman!

Hier also ein kleines Feuerwerk an erlebten und spannenden Geschichten, die allesamt der Realität entstammen und unbedingt noch erzählt werden müssen…

Erwähnt sei an dieser Stelle noch, dass außer Michael und mir alle in diesem Buch erwähnten Personen neue Namen erhielten.

Rosa

*I*ch stand im Laden und sah eine etwas pummelige, circa 29-jährige Frau, Typ Miss Piggy, auf mein Geschäft zukommen. Als hätte ich es geahnt, steuerte sie direkt auf einen unserer meistverkauften Artikel zu. Nein, kein Pu-Erh-Tee zum Abnehmen, den verlangten nur die dürren Hippen, nachdem eine große Boulevardzeitung geschrieben hatte, dass man mit diesem Tee abnehmen könne und die Pfunde nur so schmelzen würden. Die, die etwas zu viele Pfunde auf den Rippen hatten kauften den SAHNETEE mit destillierter Sahne und echter Bourbon-Vanille, wo man auch gerne noch Kandis und Sahne zusätzlich hinzufügt – auh-haua!

Miss Piggy kam also strahlend auf mich zu, sagte „Grüß Gott!" und verlangte selbstbewusst ein original ostfriesisches Fischerhemd „IN ROSA". Ich begrüßte sie mit

„Moin!". Nachdem ich ihr freundlich, aber bestimmt erklärt hatte, dass die Fischer in Ostfriesland diese blau-
weiß-gestreiften Hemden als Arbeitskleidung trügen,
nicht jeder Fischer schwul sei und so manch ein Seemann
sich in rosa an Bord etwas unwohl fühlen könnte, unterbrach sie mich und forderte mich auf, ihr ein Hemd in
KINDERGRÖSSE 176 zu zeigen.

„Das geht nicht gut", dachte ich so für mich und legte das
niedliche Hemd vor ihr auf den Tresen. Und eh ich noch
sagen konnte, dass es niemals passen könne, zog sie ihren
Pullover, Marke „selbstgestrickt", Farbe: graue Maus mit
etwas silber-lurex, aus. Nun stand sie in voller Pracht
(oberkörperfrei), jedoch mit ebenfalls zu klein geratenem
BH, in Wilhelmshavens einziger und belebtester Einkaufspassage.

Eine Gruppe ausländischer Jugendlicher – gerade bei
ihrem alltäglichen Schaulaufen in der City – starrten sofort auf Miss Piggy und ihre große Oberweite und er-
freuten sich dieser Ansicht. Das hatte zur Folge, dass sich
der kleinste Muchel gleich mal in typischer Manier an
die Hose griff – wohl um zu testen ob da schon was ist?
Da stand sie nun in der Passage und versuchte, ihre dicken Ohren in das Fischerhemd zu zwängen, was natürlich nicht funktionieren konnte und ich als Verkäufer
bekam einen roten Kopf. Von dem Satz, sie möge sich
doch in den Laden begeben, um dort das Hemd anzu-
probieren, ließ sie sich gar nicht beeindrucken. Flugs
zog sie 176 aus und probierte endlich das von mir so er-
dachte Hemd in 44er-Damengröße an – puh, passt! Zu
meiner Freude wollte sie das Hemd gleich anlassen.

Mein Ruf als ansehnlicher, vermeintlich konservativer Teeverkäufer wäre beim dritten Blankziehen in der Mall auch endgültig dahin gewesen.

An der Kasse angekommen fing ich mich wieder und vergegenwärtigte mir und der Kundin mit dem Satz: „Nicht, dass Sie meinten wir wären Textilhändler – so ganz nebenbei verkaufen wir auch Tee" wieder meine Aufgabe als Verkäufer. So kaufte Miss Piggy natürlich noch ein halbes Pfund Sahnetee plus Kandis. Anderen Tee brauchte ich aus besagtem Grunde nicht zu zeigen.

Nachdem ich sie noch darauf hinwies, dass wir auch Teeversandhändler wären und wir gerne weltweit schickten, verabschiedeten wir uns doch recht herzlich voneinander – Schwule haben eben ein Herz für rundliche Frauen.

Von dem Zeitpunkt an bestellte Miss Piggy aus Bayern regelmäßig ihren Sahnetee im Teepalast und jedes Jahr im Sommer, wenn sie mal wieder Urlaub an der See machte, kaufte sie ein Fischerhemd größer. So macht man Stammkunden!

Abnehmen mit Tee

Jedes Jahr im Frühling, nach Weihnachten und Silvester, begann für uns eine der verkaufsfreundlichsten Zeiten des Jahres. Jede Frau und nicht wenige Männer wollten nun wieder ihren Körper in Schuss bringen. Bei all den guten Vorsätzen ins Fitnessstudio oder Joggen zu gehen, andere schweißtreibende Sportarten zu betreiben, sich gar Fett absaugen zu lassen oder unters Messer zu begeben, war es doch einfacher, ins nächste Teegeschäft zu gehen, um sich dort einen Tee zu kaufen, der all das auf einmal kann. Trinken muss schließlich jeder und war doch viel leichter durchzuhalten als die ganzen anderen Plackereien! Zumal im Frühjahr doch in allen Zeitungen zu lesen war: „Leute trinkt Tee, das macht ‚nen schlanken Fuß" – und das im jährlich wiederkehrenden Rhythmus.

Zu dieser Zeit gab es dann Pu-Erh-, Detox-, Wellness-, den fitten Friesen (nach mir, dem kleinen, dicken Verkäufer benannt), Mate-, Jogi-Tees und vieles mehr, was irgendwie versprach, die Menschheit fit, schlank und schön zu machen.

Besonders der erwähnte Pu-Erh-Tee brach alle Rekorde. Magersüchtige, extrem Dicke, Frauen nach der Entbindung, Frauen und Männer aller Altersklassen und natürlich Frauen, die meinten ihre Männer sollten endlich so aussehen wie die Kerle aus der „Men's Health"-Zeitung, standen geduldig in einer nicht enden wollenden Schlange vor unserem kleinen Teepalast.

Pu-Erh

China · Provinz Yunnan · ganzjährig
Schwarzer Tee
Einmalig verarbeitete Spezialität aus Yunnan.
Bekannt für ihren eigenständigen, etwas erdigen
Geschmack und ihre rote Tassenfarbe

Nur zum Vergleich: Von unserem bestverkauften Ostfriesentee brauchten wir circa 15 Kilogramm die Woche, vom Pu-Erh-Tee 25 Kilogramm pro Tag und das bei einem Preis von fast 20 Euro à 100 Gramm – da freut sich die Verkäuferseele. Wer uns kennt, der weiß: es ging niemand mit nur 100 Gramm nach Hause, denn der Tee sollte schließlich wirken!

Normalerweise füllen wir unsere Tees in dafür vorgesehenen Verkaufsdosen mit einem Fassungsvermögen von circa 1,5 Kiloramm. Doch diesen Tee verkauften wir aus original Teekisten je 25 Kilogramm heraus direkt an der Waage. Man kann sich vorstellen, wie eng es zu dieser Zeit in einem 22 Quadratmeter kleinen Teeladen mit vier Verkäufern hinterm Tresen war.

Wenn wir abends erschossen und glücklich vom Tagewerk zuhause waren, uns duschten und die Nase putzten, so war das Taschentuch braun voll Teestaub eines Tees, der mindestens fünf Jahre alt war und unter der Erde gelagert werden musste. Vom Geschmack hätte ich gesagt: erdig-muffig. So ähnlich musste eine Fangopackung schmecken.

Die Hysterie endete nach circa drei Monaten so abrupt wie sie begann. Die Zeitungen hatten ihre Headline am Anfang der Story und so auch am Ende, die da lautete: „Pu-Erh-Tee mit Pestiziden behandelt!" Kein Mensch kaufte fortan mehr diesen Tee – außer diejenigen, die Geschmack daran gefunden hatten oder diejenigen, die die Meldung verpasst hatten. Schlagzeilen unterscheiden nicht zwischen belasteter Ware und Ware, die rückstandslos ist.

Wenn eine Kundin mit dem Frage zu uns kam, welcher Tee ihr beim Abnehmen helfen oder ihren Mann von Krebs befreien kann, so antworteten wir stets gleich: „Zu Risiken und Nebenwirkungen fragen Sie ihren Arzt oder Apotheker. Wir verkaufen nur rückstandskontrollierte, leckere Lebensmittel. Für irgendwelche Tipps und Diagnosen jeglicher Art sind Sie bei uns an der falschen Adresse." – Nachher waren wir noch schuld, wenn ihr Kerl auf'm Rücken lag.

Ein ganz normaler Tag und hoffentlich ist der bald vorbei

*F*rühmorgens: Heißt 8:00 Uhr aufstehen und je nachdem, wer schneller ist, Tee oder Kaffee im Stehen trinken zwischen Duschen, Anziehen und irgendwelchen Vorbereitungen für den Tag im Laden. Heute gewann Michael – das bedeutete es gab mal wieder Kaffee. Dafür war ich zuständig, da er sich weigerte mit dieser Kapselmaschine Freundschaft zu schließen. Ganz nach dem Motto: „Man muss nicht alles im Leben können, beziehungsweise wollen." Nach dem Fehlstart mit Kaffee für mich, schnell noch dem Auto die Scheiben frei gekratzt und ab zur Arbeit.

Auf halber Strecke fiel mir ein, dass ich das Geschenk, den englischen Teebecher mit dem anatomisch einwandfreien Motiv eines Skeletts für Frau Doktor im Lager zuhause vergessen hatte. Also umdrehen, Becher holen und zurück zum Laden.

Da es nun schon 9:15 Uhr war, fiel unser kleines allmorgendliches Frühstück mit Geschäftsfreunden beim Italiener nebenan etwas kleiner aus. Das hieß, es gab mal wieder nur italienischen Espresso ohne das obligatorische Tramezzini mit Mortadella. Gerade die Tasse an der Lippe klopfte mir jemand auf die Schulter. Ich drehte mich um und vor mir stand, verlegen lächelnd, Frau Doktor. Sie müsse schnell den Becher holen, da ihr Mann den gleich bekommen solle. Sie folgte mir flugs zum Laden und beim Aufschließen der Ladentür fiel der

Becher aus meiner Tasche und zerbrach in viele Teile. Kein Wunder, so rappelig wie ich von der Wirkung des vielen Kaffees war.

Hier ein Teil vom Bein, dort das Becken, noch 'n halber Schädel – das Skelett in vielen Teilen eignete sich nur noch als Knochensuppe für Menschenfresser. Und ich dachte noch: „Wie kann frau auch bloß so einen gruseligen Becher verschenken?" Aber sie hatte am Vortag viel Zeit und Liebe darauf verwendet, so ein geschmackvolles Geschenk für den Gatten zu finden.

Inzwischen war 9:30 Uhr längst durch. Meine Schwägerin Uta, eine ebenso gute und pünktliche Verkäuferin wie ich, öffnete die Glastüren. Als sie das Malheur mitbekam, reagierte sie prompt, rief im Lager an und veranlasste, den Becher, der Gott sei Dank noch einmal vorhanden war, von unserem Lagermeister sofort zum Laden bringen zu lassen. Der schwang sich etwas zu beschwingt ins Firmenauto und raste bei leicht vereister Straße einer Dame ins Heck ihres BMWs. Dem Becher passierte dabei nichts, der gute Mann verbrachte allerdings den halben Vormittag damit, den Unfall zu klären.

Frau Doktor ging, leicht verärgert, um die Zeit zu nutzen zwischendurch Blumen kaufen und bemerkte nichts von dem Unfall. Unser Lagermeister veranlasste ein Taxi, nachdem er uns informiert hatte, das Gut zum Teepalast zu bringen. Wir verpackten das Geschenk üppig mit extra viel Bling-Bling, vergaßen dabei natürlich, dass es sich um ein Geschenk für einen Herren handelte und übergaben die wertvolle Pracht, ohne uns was anmerken zu lassen, an die sichtlich doch noch erfreute Kundin. Nachdem der Tag so ungemütlich begann, war nun Zeit, den Tee aufzufüllen. Gabriela kam wie eigentlich jeden Tag in der Woche vorbei und bot Granat an, den ihr Bruder, der Krabbenfischer in Hooksiel war, gerade frisch gefangen hatte. Ich lehnte mal wieder dankend ab. Sie beendete das Gespräch wie immer mit „frischer geht nicht" und ging. Aber nicht, ohne mir und meinen Mitarbeitern beim Verlassen jedem ein Bonbon in die Hand zu drücken und extra eine Tüte mit Erdbeer-Sahne-Bonschen für unseren Lagermeister dazulassen. Ich war diesmal versucht, die Dinger selbst zu essen – schließlich hatte der gerade unseren Wagen gecrasht.

Gabriela, eine herzensgute Frau, einfach lieb und zu gut für diese Welt, kam nicht immer und immer wieder nur zu uns. Nein, sie machte ihren Gang durch die ganze Stadt und beglückte alle: Hier den Bäcker, da den Busfahrer, dort den Fischverkäufer, dann noch die Parfümerieverkäuferin.

Nicht, dass sie überall etwas kaufte – für sie war es sicherlich nur der nette Kontakt mit den Leuten, den sie täglich pflegte. Von ihrer Kaufesunlust gab es jedoch eine Ausnahme, wie ich durch Zufall mal herausfand.

Ich brauchte dringend Granat für Gäste, die sich überraschend bei uns Zuhause angemeldet hatten. Ich rief also Gabriela an, aber nicht zu früh, sonst wäre sie noch in der Stadt gewesen. Wir hatten Glück. Sie war zuhause, kam aber nicht mehr dazu, mir die Krabben in meinen Laden zu bringen. Somit kam ich in den Genuss, sie bei ihr persönlich abzuholen. So nett, wie sie war, bot sie mir natürlich einen Tee an, den ich auch gerne annahm. Er war schließlich von uns und ich hatte die Zeit, da ich mich rechtzeitig im Geschäft vertreten ließ. Der Tee zog und Gabriela zeigte mir ihr Haus. Viel blau-weiße Einrichtung mit einem Hang zur leichten Fülle, aber stilsicher. Zum Schluss kam das Beste, das Badezimmer. Ihr Mann war schließlich selbstständiger Sanitärhändler. Sie erläuterte mir, wie schön doch die Armaturen und die Fliesen seien. Ich konnte jedoch vor lauter eingepackter, zum Teil als Präsent versehener Parfümflaschen kaum etwas anderes wahrnehmen als eben diese vielen Flakons, Wässerchen, Seifen, und so weiter. Wenn ich mich sonst des Eindrucks nicht erwehren konnte, Gabriela würde nicht so viel kaufen, muss die Parfümerie doch sehr gute Umsätze mit ihr gemacht haben. Wir tranken den Tee in der guten Stube. Ich war sehr angetan von der Gastfreundschaft und dem beeindruckenden Haus.

Gabriela ging weiter ihren täglichen Gang. Ich fuhr zurück ins Geschäft. Wir bedienten und verkauften, räumten zwischendurch immer wieder auf, fegten den Laden, wischten Staub. Da knallte es das zweite Mal an diesem Tag. Heute fiel mir mal das große Glas mit dem Faden-kandis aus den Händen. Bisher passierte das jedem un-serer Mitarbeiter, nur dem Chef nicht. Meine Schwägerin und eine Angestellte, Frau Winzig, die nicht nur so hieß und gerade ihre Schicht begann, hatten sichtbar Scha-denfreude.

Michael kam um 12:45 Uhr mit dem sympathisch blau-weiß-gestreift-gestylten Fiat 500 vorbei, um mich zum Mittag abzulösen. Das Auto fuhren wir beide sehr gerne, auch wenn manche Hetero-Kerle niemals in solch ein Frauenauto einsteigen würden. Schon gar nicht mochte sich unser Lagermeister in dieses Gefährt setzen – wenn das die Kumpels mitbekämen, er wäre im Boden versun-ken. Es reichte doch schon, bei homosexuellen Chefs zu arbeiten. Man muss ja die Toleranzgrenze der Kumpels nicht dermaßen strapazieren.

Ich fuhr wie jeden Tag in der Woche zu meinen Eltern zum Mittagessen und als wäre der Tag nicht ohnehin schon schlecht genug für mich verlaufen, gab es auch noch Wirsingeintopf zu essen. Und das an einem Freitag, an dem es normalerweise Fisch in unserer Familie gab. Doch ausgerechnet an diesem Tag kochte meine Mutter das einzige, was ich noch nie in meinem Leben gemocht hatte. Meine Eltern sagten früher als Kind immer zu mir: „Iss. Es ist gesund." Als wollten Kinder etwas essen, das gesund ist. Diese Phobie blieb bis ins hohe Alter. Danach tranken wir unseren obligatorischen Mittagstee und es ging wieder an die Arbeit. Es war Freitagnachmittag, die

Zeit in der Woche, wo am wenigsten in den Geschäften los war, weil es in unserer Stadt Wilhelmshaven halt sehr viele Menschen gab, die entweder Sozialhilfe bekamen, Rentner waren oder viele, die schlicht keine Arbeit bekamen. So bemerkte man es doch, wenn diejenigen, die Geld verdienten, erst am Samstag mit der Familie shoppen gingen. Außer ein paar Urlaubern ohne schulpflichtige Kinder, die außerhalb der Ferienzeit verreisten, und einer Hand voll Stammkunden hatten wir nicht viel zu tun.

Und so kam es, dass Frau Winzig, nachdem sie verzweifelt versucht hatte, einen Tee in das oberste Fach zurückzustellen, mich fragte: „Wo gibt es das?" „Was?", fragte ich zurück, schaute etwas verdutzt drein und stellte die Teedose an den dafür vorgesehenen Platz zurück. Sie zeigte mit dem Finger auf den Kluntjeknieper, der auf dem neuen, soeben ausgetauschten, großen Kandisglas lag. Der Kluntjeknieper war eine Art Zange, womit man in Ostfriesland, mit dem echten braunen, fast schwarzmalzig gebrannten Fadenkandis, nicht nur den Tee versüßte (dafür gab es zudem die weiße Version). Der mit dem Knieper zerkleinerte Zucker wurde vor allem dafür genutzt, ihn in einem Topf mit Zwiebeln und Bier zu verkochen, dies zu einem Sirup zu verarbeiten und diesen dann als ein eingedicktes Hausmittel gegen Halsschmerzen einzunehmen.

Die Zange hat zudem sehr viel Ähnlichkeit mit einer fürs Piercen gut geeigneten Version. Bei Kunden, die Sinn für Humor hatten und fragten, was dies wohl sei, antworteten wir meist, dass wir die Zange für eben diesen Zweck hinterm Vorhang als solche einzusetzen pflegten.

„Nochmal. Wo gibt es das zu kaufen?" Wegen der Frage schon etwas genervt antwortete ich, dass das ein Kluntjeknieper sei. Ein Relikt aus der guten alten Zeit und wir seien nun mal ein Teefachgeschäft, wo man alles kaufen könne, was man in unserem Laden sähe – Tee, Porzellan, Lebensmittel, Fischerhemden und natürlich auch Kluntjeknieper. Und wenn morgen einer kommt und die Teewaage kaufen will, so würden wir auch diese verkaufen. Darauf fragte Frau Winzig, was die denn kosten solle. Darauf antwortete ich nur noch, sie solle mich oder einen Kollegen dann wieder nach dem Preis fragen, wenn es so weit sei.

Nachdem ich noch zwei bis drei Härtefälle im Geschäft bedient hatte – davon einen, der nach einem Tee verlangte, den ich noch nie in meiner Zeit als Teehändler im Sortiment führte, er aber darauf bestand, den vor Jahren bei mir gekauft zu haben und ich ihm dreimal erklären musste, dass der nicht von mir sei – reichte es endgültig. Noch so ein Patient, wie meine Verkäufer immer zu sagen pflegten, und den nächsten Kunden bring ich um!

Nun war es endgültig an der Zeit nach Hause zu gehen, denn wir waren an diesem späten Nachmittag eindeutig zu viel Personal im Laden – also nichts wie rauf auf das heimelige Sofa.

Beim Rausgehen fiel mir zu guter Letzt noch Herr Lehmann in die Arme, der mich zum tausensten Mal fragte, ob ich mich noch entsinnen würde, wie ich damals den Samowar für ihn besorgt hätte und wie dankbar er dafür heute noch sei. Ich musste jetzt sehen, wie ich Land gewann, sagte noch zu ihm, er möge sich einen tollen Abend machen und verließ fluchtartig meinen Arbeitsplatz, ohne meinen Kollegen noch einen schönen Feierabend zu wünschen.

Kunde des Jahres

*E*s war Herbst, an einem Tag, der mir deswegen so in Erinnerung blieb, da wir das erste Mal Kontakt mit Herrn Lehmann machten. Einem Mann, der uns eigentlich schon öfter auffiel, allein wegen seiner, sagen wir mal, seltsamen Erscheinung, als er zum wiederholten Male an unserem Geschäft vorbeischlich. Er betrat den Laden mit allem Mut, den er aufbrachte, und seiner leicht sichtbaren Behinderung. Dann fragte er mich, ob wir bereit wären, ihm einen Tee zu verkaufen. Woanders käme es vor, dass man ihn nicht bedienen wollte. Ich musste alle meine Vorurteile, die man anderen gegenüber haben

konnte und die sowieso nicht ins Bild eines guten Verkäufers passten, mal wieder an die Seite packen, wunderte mich über diese Frage und gab zur Antwort, dass wir ihm natürlich gerne einen Tee verkauften. Nach welchem Tee es ihm denn gelüste? Schwarz, grün, Kräuter-, Früchte- oder Rotbuschtee? Worauf er erwiderte, dass er aus Jever stamme und man bei ihm Zuhause immer nur Ostfriesentee trinken würde, den die im Sommer verstorbene Mutter bis dahin immer zubereitet hätte. Jetzt, nachdem die Mutter nicht mehr lebte (der Vater war schon länger nicht mehr da), wollte er nun für sich und seinen älteren Bruder, der auch behindert war und nicht aus dem Haus gehen konnte, einen guten Tee kaufen.

Ich empfahl ihm, nachdem er noch einwarf, er solle schön kräftig sein, einen Fannings-Tee der guten alten Zeit: eine sogenannte Seefahrermischung mit viel Assam und einer sehr dunklen Tassenfarbe. Sie trug den Namen Leuchtfeuer. Er kaufte daraufhin gleich mal 500 Gramm, was doch ein wenig ungewöhnlich war für einen Kunden, der hier wohnte und den Tee noch nicht kennengelernt hatte. In der Regel nahmen die Leute beim ersten Mal kleinere Gebinde, um den Tee zu probieren. Erst danach entschieden sie, ob der Tee ihren Vorstellungen entsprach und kauften eventuell größere Mengen.

Nicht so Herr Lehmann, der, wenn er erstmal Vertrauen gefasst hatte, einem blindlings alles abkaufte, was ihm gefiel. So nahm er gerne den Rat an, den Tee doch bitte in einer Dose aus Edelstahl aufzubewahren und mit einem Teemaß pro Tasse zu dosieren. Er kaufte sodann zusätzlich noch Maß und Dose und freute sich diebisch über die Ware und die ihm entgegengebrachte Aufmerksamkeit, die behinderten Menschen zu selten entgegengebracht wird. Es brachte mich jedes Mal zur Weißglut, wenn solche Menschen mit oder ohne Absicht übersehen wurden. Er bezahlte die Ware und fuhr mit der Bahn zurück nach Jever, denn die Passage, in der wir unseren Laden hatten, war zugleich ein Kopfbahnhof, wodurch er leicht hin und zurück kam.

Eh wir uns versahen, war Herr Lehmann am darauffolgenden Tag wieder da und erzählte uns ganz im Vertrauen, dass er ja nun für sich und seinen älteren Bruder die Versorgung übernahm und die Bank die Vollmacht über sein eigenes Konto und das der Mutter endlich freigegeben hatte. Somit war der Frührentner Herr Lehmann nach 62 Jahren Besitzer eines „eigenen" Kontos. Das nutzte er sichtlich aus und konsumierte endlich nach Herzenswunsch Dinge, die ihm und seinem Bruder wichtig waren. Unter anderem auch einen Samowar im Wert von 500 D-Mark, den er jedoch in einer Version wollte, die ich nicht im Laden hatte und den ich für ihn extra bestellen musste.

Zudem kaufte er Tee in solch großer Menge, dass ich ihn fragen musste, was er wohl mit 15 mal 500 Gramm (also 7,5 Kilogramm) Leuchtfeuer machen würde. Worauf er erwiderte, er führe mit seinem Bruder in den Schwarzwaldurlaub, wo sie früher als Kinder mit den Eltern immer Ferien gemacht hatten. Als Mitbringsel erhielte jeder in der Pension einen Gruß von der Küste in Form von Ostfriesentee mit dem dazugehörigen Kluntje. Eine nette und dazu sehr großzügige Geste. Aber er freute sich, glaubte ich, damals mehr darüber, den Leuten was zu schenken.

Herr Lehmann war schon ein witziger Kautz mit seinen fast 1,90 Metern Größe, der beschmierten Brille und dem schrägen Aussehen, der zum Teil kaputten, hundert Jahre alten Kleidung. Die Hose Hochwasser, das graue, alte und leider auch schmutzige Jackett, die nicht geputzten Zähne (der Tee tat sicher seinen Teil dazu) und die nicht gekämmte Frisur. Eine schon sehr herausragende Person im doch immer so adrett und sauber erscheinen wollenden Deutschland. Halt eine Persönlichkeit. Ich war stolz, solch einen Mann zu kennen.

Er blieb circa ein Jahr lang unser bester Kunde, kaufte so viel wie kaum ein anderer – noch einen Samowar, Teekannen und viel zu viel Tee – und mit einem Mal war er verschwunden. Nicht, dass er nicht mehr nach Wilhelmshaven kam. Ich sah ihn oft durch die Passage laufen. Irgendwann fragte ich ihn, da war seit seinem letzten Einkauf bei mir bestimmt schon ein halbes Jahr vergangen, ob er denn gar keinen Tee mehr trank. Er antwortete nur knapp, er habe noch genug zuhause. Solche Situationen gab es immer wieder in meinem Verkäuferleben. Da gab es Kunden, die waren in kurzer Zeit ganz oft bei uns und kauften was das Zeug hielt und aus irgendeinem mir unbekannten Grund, waren sie dann plötzlich so schnell wieder weg, wie sie aufgetaucht waren.

Herr Lehmann begegnete mir weiterhin Jahr für Jahr und wenn wir uns unterhielten, sagte er immer, dass sie das damals für mich getan haben. Das sei doch doll. Dann grinste er verschmitzt in sich hinein und ging weiter.

Landpartie

*J*m Nachhinein betrachtet war es eine doch sehr schöne, intensive Zeit, wo ich Deutschlands schönste Gegenden und schrullige, skurrile Typen kennenlernte. An einem schönen Sommertag im Jahre 2000 fing alles an. Wir, meine Schwägerin Uta und ich, also Wilhelmshavens beste, freundlichste und verkaufsgeilste Typen im deutschen Einzelhandel, so fühlten wir uns damals, fingen ab diesem Jahr an die Welt zu erobern, um ihr zu zeigen, dass Verkaufen nicht nur Tristesse und Langeweile bedeutete.

Schloss Gödens, ein friesisches Wasserschloss, sollte für uns der Anfang einer fast zehn Jahre langen Veranstaltungsodyssee sein. Ein wunderschöner Ort, den bis dato kaum einer kannte. Niemand konnte sich vorstellen, dass man in solch einem Ambiente edelste Waren aus allen Herrgottsländern veräußern würde. Doch was in England unter dem Namen „Country Live and Garden" begann, ergoss sich über ganz Westeuropa. Überall erkannte man schnell, dass sich mit solchen Veranstaltungen gutes Geld verdienen ließ, um damit alten Burgen, Schlössern, Guts-häusern, Parks und ähnlich maroden Immobilien wieder zu altem und neuem Glanz zu verhelfen. Ein Jahr zuvor hörte man die Leute aus dem nordwestlichen Raum er-zählen, dass in Gödens eine der ersten Landpartien von Deutschland stattgefunden hatte, dass es wunderschön dort sei und Frau einen ganzen Tag oder, wenn Mann wollte, ein ganzes langes Wochenende (vier Tage) einkaufen und sich inspirieren lassen könne von all den schönen und reichlich vorhandenen Dekorationen. Es gab Luxusartikel genauso wie Dinge für Haus und Garten, aber eben einfach schöner dargestellt, sodass es wirklich was mit Einkaufserlebnis zu tun hatte, dort Ware zu erstehen. An die 100 Aussteller von überall her verkauften ihre überaus feinen und edel zusammengetragenen Güter. Und das zu Preisen, die endlich der Ware gerecht wurden und die nicht, wie im herkömmlichen Einzelhandel, mit Rabattschlachten verramscht wurden. Hier war Geiz nicht geil, hier machte es Spaß, mit der Verkäuferin bei einem Glas Champagner über die neuste Mode zu plaudern und ganz nebenbei für 400 Euro eine Bluse zu erwerben. Für das leibliche Wohl war natürlich auch gesorgt. Es gab Eisverkäufer genauso wie Lebensmittel, die dargeboten wurden wie auf französischen Wochenmärkten. Natürlich durften auch die besten regionalen Köche mit erlesenem Sekt- und Weinangebot ihre Genusstempel aufbauen, um die Gäste zu verwöhnen. So kamen wir ins Spiel: Was würde besser zu solch einem Event passen als Tee? Das Getränk am Hofe, auf Luxuslinern, in Grandhotels und natürlich DAS Grundnahrungsmittel in Ostfriesland. Mit Inge, unserer besten Freundin und Dekorateurin, Michael, meinem Lebensgefährten (unheimlich begabt was das Architektonische betraf) und mir, dem Kaufmann Thorsten Nack, erstellten wir gemeinsam ein Konzept, wie das 5x5 Meter große, weiße Pagodenzelt zu einem Blickfang in friesisch-blau-weißem Ambiente erstrahlen würde. Auf eigens dafür gebauten Säulen wirkten unsere

Samoware in Gold und Silber wie die Kronjuwelen im Tower von London. Die bei einer Einkaufstour durch Italien erstandenen Fayencen, bestehend aus Tellern, Schalen und Schüsseln mit reichlich ausgeformten, stilisierten Callas, erstrahlten auf einer Art großer Tafel, die mitten im Zelt aufgebaut wurde. Über der Tafel hing ein Traumkronleuchter und verwandelte die Räumlichkeit in ein Lichtermeer mit tausenden kleinen Glühwürmchen, die so wohl nur Elfen herbeizaubern konnten. Außerdem durfte ein Tresen nicht fehlen, wo wir die Leute zum Tee einladen und vieles anderes zum Verkösten anbieten konnten.

„Kommen Sie ruhig herein", schallte es aus dem Zelt heraus, wenn mal wieder die Hemmschwelle zu groß war, um das edle Zelt zu betreten, „…und lassen Sie sich von uns zu einer Tasse Tee einladen. Hier gibt es schöne Dinge zu entdecken!" Einladen lassen wirkte fast immer bei den Kunden und dann rief die Bankiersgattin gleich mal Else, Friede und Gertrud nebst Ehemännern zu uns ins Zelt – ganz nach dem Motto: „Wenn lau, dann jau".

Wenn der Tee zu kalt war und die Kunden zu schnell wieder draußen, bat ich meine Schwägerin, den Samowar etwas heißer einzustellen, damit die Leute länger vor mir am Tresen stehen blieben und meinen Ausführungen zuhören mussten. Nachdem sie alle mit heißem Tee versorgt und von Uta noch einen Löffel voll mit feinstem ostfriesischem Sanddornhonig verabreicht bekommen hatten, legte ich los: „Kennen Sie schon Ostfrieslands meistverkaufte Teekanne?" – schwups hatte ich eine in den Händen und demonstrierte mit ihr eine Teekanne, die einfach jeder haben musste! Dies sei eine, die den Tee, wenn vorher mit heißem Wasser ausgespült, sogar über zwei Stunden heiß hielte, ohne dass der Tee auf dem Stövchen verbrannte. Tee, der nämlich mehr als 15 Minuten auf der offenen Flamme stünde, schmecke bitter wie Galle…

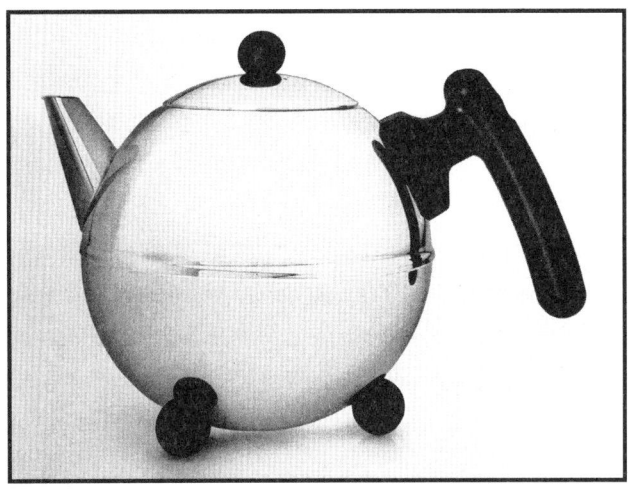

„Jetzt nur nicht nachlassen", dachte ich so für mich, nachdem sich nun schon das halbe Zelt voller Menschen um mich versammelt hatte. Durch meine lauten, oder sagen wir mal bestimmten Worte hatte ich immer mehr Leute in mein Zelt gelockt. Schon komisch – freiwillig hätte niemand meinem Vortrag zuhören wollen, aber es ist nun mal so: Wo zwei oder drei Menschen sind, da wird Mann oder Frau neugierig, was da wohl Spannendes vor sich geht. Und wenn ich merkte, dass die Aufmerksamkeit verloren ging, wurde ich einfach leiser mit meinen Ausführungen und sofort hörten alle, manchmal bis zu 20 Kunden, wieder zu.

Diese doppelwandige Teekanne bestünde außerdem aus 18/10-Edelstahl und wäre damit zudem geschmacksneutral. Das funktioniere genau mit demselben Prinzip wie die Edelstahlseifen, die den Geruch an den Fingern neutralisieren könnten. Das bedeute also, dass, wenn ich erst einen Erdbeer-Früchtetee in die Kanne füllte und danach einen First-Flush-Darjeeling, letzterer eben nicht mehr nach Erdbeere schmecke. Die Kanne besäße außerdem innen vor der Tülle ein Gitter, sodass man den Tee auch direkt hineingeben konnte, ohne einen Papierfilter oder ähnliches zu benutzen. Dies führe allerdings dazu, dass sich nach drei Minuten die Gerbstoffe freisetzten und der Tee etwas herb schmecken könne. „Wenn ich Ihnen aber was empfehlen darf, so würde ich den dafür vorgesehenen mikrofeinen Dauerfilter für 19,95 Euro verwenden. Der ragt bis in den Grund der Teekanne und bietet so den Vorteil, wenn ich nur eine halbe Kanne voll Tee anfertigte, dass dieser trotzdem im Wasser schwimmt." Zudem war der Filter aus demselben Grund wie die Kanne geschmacksneutral – eben auch aus 18/10-Edelstahl, geschirrspülmaschinenfest und er hatte oben eine hohe Kante, wo der Deckel genau draufpasste, sodass der Tee während seiner Ziehzeit auch nicht kalt zu werden drohte. Der Filter war leicht zu greifen und da der Rand aus Polychrom, einem Materialmix aus Kunststoff und Keramik, bestand, wurde er nicht heiß und niemand musste befürchten, sich die Finger daran zu verbrennen. Manch ein Kunde wurde schon ganz unruhig und fragte sich laut, was das gute Stück wohl kosten möge. Wobei ich, wenn mir einer mit dieser Frage ins Wort fiel, nur antwortete: „Diese Teekanne ist ihren Preis wert." Zu guter Letzt kam noch etwas Entscheidendes hinzu: Der Deckel war so gefertigt, dass er mit drei Kerben gehalten wurde und nicht in die Tasse fiel – und man beachte doch bitte das Loch! Eine Teekanne will fließen. Hält man das Loch zu, so fängt die Kanne an zu tropfen. Damit ein Tropfen ausgeschlossen war, hatte der Hersteller aus Holland extra mit einem zusätzlichen Handgriff die Tülle gebördelt. Diese Kanne konnte nicht tropfen!

Nun mussten wir schnell sein, denn jetzt waren wir an dem Punkt angelangt, an dem der Kunde sich entschied, die Kanne zu kaufen oder eben nicht. Es gelang uns im Laufe der Jahre nicht selten, nach einem solchen Vortrag acht bis zehn Teekannen zu verkaufen – und das immerhin zu einem Preis von 150 Euro inklusive Filter. Sogar an Leute, die bisher kaum Tee tranken und morgens, beim Betreten des Geländes, noch nicht wussten, dass sie abends glücklicher Besitzer einer Teeausrüstung sein würden.

Im Laufe der Jahre und mit immer wiederkehrenden Veranstaltungen gab es natürlich Kunden, die Wiederholungstäter waren und im darauffolgenden Jahr in unser Zelt kamen, um für die Familie auch so eine gut funktionierende Teekanne zu kaufen. Wenn das der Fall war, war unsere Arbeit nur halb so schwer, denn eine bessere Werbung als einen zufriedenen Kunden konnte es nicht geben. Selbst bei vermeintlichen Reklamationen schafften wir es noch, dem Kunden daneben eine Kanne zu verkaufen mit der Hilfe des Kunden, der gerade reklamierte, uns aber natürlich zugestehen musste, dass die Kanne an sich gut funktionierte. Außerdem scheuten wir uns nicht davor, sofort umzutauschen und dem Kunden als Entschuldigung einen Tee als Wiedergutmachung zu schenken.

Eines Tages, es war auf der Country-Garden am Starnberger See, so erinnere ich mich, es goss wie aus Kübeln, sehr wenige Besucher waren auf dem Gelände, wurde mir mal wieder bewusst, dass Ausstellerkollegen mitunter auch Kunden sein konnten. Es war bitterkalt und wir mussten uns fünf Lagen übereinander anziehen, um uns keine satte Erkältung zuzuziehen. So waren wir jedoch in Erklärungsnot, dass wir in Wirklichkeit nicht das dicke Michelinmännchen aus der Werbung waren, sondern nur Teeverkäufer aus dem Norden. Wie sagte ich immer fröhlich zwitschernd: „In echt bin ich nur die Hälfte von dem, der hier vor Ihnen steht." – glatt gelogen.

Gott sei Dank hatten wir ja Tee und einen Kollegen vom Bodensee mit feinsten Bränden, der gleich mal einen guten Schluck in unseren Pavillon mitbrachte, und so machten wir eine Verkaufsveranstaltung nur unter uns Kollegen. Während ich so in Gang war, ging, man glaubte es kaum bei dieser Eiseskälte, eine Frau an unserem Zelt vorbei und ich hörte sie nur sagen: „WILHELMSHAVEN". Ich schaute genauer hin und sah eine Frau, die es eigentlich nur einmal geben konnte. Während ich die kleine weißblonde Frau mit wallenden langen Haaren (in den 60ern) mit ihrem weißblonden Pudel auf dem Arm, ihren hohen roten Pumps, mit denen weiß Gott nicht leicht zu laufen war bei diesem Wetter und der ansonsten etwas puffigen Kleidung in schwarz-weiß so musterte, kam ich ins Stocken und unterbrach meinen Verkauf abrupt. Ich dachte, ich sähe eine Fata Morgana. Es platzte aus mir heraus (der Alkohol zeigte seine Wirkung): „Sagen Sie jetzt nichts! Sie müssen eine Schwester von Frau Erdmann aus Wilhelmshaven sein." Sie schaute mich verdutzt an, lachte und fragte mich, woher ich das wüsste.

Ich erwiderte, dass ich nur eine Person kennen würde, die so viel Ähnlichkeit mit ihr haben könnte und das wäre besagte Frau Erdmann aus einer ganz anderen Richtung der Republik. Und auf meine Frage hin, ob sie eine Zwillingsschwester im Norden habe, die zufälligerweise auch so einen weißblonden Pudel besäße, erwiderte sie: „Keine Zwillingsschwester, aber eine Schwester mit diesem Namen und ihrem Hund Tiffi."

Meine Schwägerin Uta staunte nicht schlecht als sie uns zusah, während sie weiter ihren Dienst am Starnberger See versah. Jahre später mussten wir noch lachen wegen dieser komischen Situation im eisigen Bayern.

Später einmal ist uns jedoch etwas passiert, das leider nicht so schön in Erinnerung geblieben ist. Es war auf der Winterveranstaltung „Weihnachten auf Bückeburg", einem Schloss, das dem Fürsten zu Schaumburg-Lippe gehört. Diese Veranstaltung ging fast zwei Wochen lang, von Ende November bis Mitte Dezember – also im Winter, draußen, bei doch oft sehr niedrigen Temperaturen, in einem Pagodenzelt. Wir hatten jedoch auf Bückeburg eigentlich immer gut zu tun, sodass uns die Kälte so schnell nichts anhaben konnte.

Bis auf einen Dienstagmorgen. So kam es schon mal vor, dass wir uns, wenn wir mal nicht so viel zu tun hatten, etwas länger mit den Kunden unterhielten als sonst. So auch mit einem sehr netten Apothekerehepaar und ihren zwei Kindern. Wir hatten so viel Spaß miteinander, dass ich sogar den einen oder anderen Kunden, der zwischendurch reinkam, mal nicht in die Zange nahm, weil wir uns einfach blendend amüsierten mit den zwei Wonneproppen. Aber wie wir nun mal waren, vergaßen wir trotzdem nicht, wofür wir eigentlich da waren. So kam es dann natürlich auch ganz nebenbei zum Verkauf unserer sagenumwobenen Teekanne inklusive Filter, Tee, und so weiter. Es hatte uns so viel Freude bereitet solch nette Kunden kennengelernt zu haben, sie auf ein Glas Tee einzuladen und sich so nett zu unterhalten, dass Uta und ich uns am selben Abend, wider unserer Gepflogenheiten, noch über so eine sympathische und positive Kundschaft unterhielten. Denn eigentlich wollten und konnten wir nach solch anstrengenden Tagen nicht auch noch am Abend über unsere Arbeit reden. Feierabend.

Am nächsten Tag waren wir gerade in Fahrt gekommen, als uns eine Busladung älterer Damen ins Zelt schwappte und alle mit Mal auch gerne einen Tee zu sich nehmen wollten, natürlich eine was kaufte und die anderen es ihr gerade gleichtun sollten (der Mensch ist doch ein Herdentier). Da schallte es von draußen in unser Verkaufsgespräch rein: „Wenn Sie nicht sofort rauskommen," brüllte ein Herr „dann wird bald das ganze Weserbergland über das gaunerhafte Verhalten dieses Teehändlers Bescheid wissen." Ich übergab die Damen an meine Schwägerin und beeilte mich damit, zu dem Herrn zu gehen, der vor dem Zelt stand. Beim näheren Hinsehen traute ich meinen Augen nicht – stand da doch wirklich der nette Apotheker vom Vortag und gestikulierte wild mit einem Blatt Papier herum, das er aus dem Internet ausgedruckt hatte und sagte wütend, dass er die Teekanne, die er am Vortag gekauft hatte, im Netz 10 Euro billiger bestellen könne. Ich versuchte ihn zu beruhigen: „Wir bekommen die Kuh schon vom Eis. Trinken Sie erstmal einen Tee. Wir finden eine Lösung." Sichtlich aufgebracht trank er widerwillig den Tee, den ich ihm eingeschenkt hatte und forderte sofort die 10 Euro zurück. Er müsse sofort wieder das Gelände verlassen, denn die Security in den Kassenhäuschen habe ihn nur wegen der Reklamation reingelassen. Er bekam natürlich die verlangte Summe zurück und ging ganz schnell. Ich stand nun da mit dem Ausdruck aus dem Netz, worauf gar nicht dasselbe Produkt stand, sondern erstens 0,75 Liter und nicht 1,2 Liter Fassungsvermögen und zweitens handelte es sich um ein älteres Modell der Kanne, das nämlich nicht aus dem neuesten Material bestand.

Am selben Abend ging ich nochmal ins Internet und natürlich stellte sich heraus, dass der Lieferant auch noch 6,50 Euro Porto berechnete. Da war mein empfindliches Verkäuferherz endgültig zerstört. Gestern noch himmelhochjauchzend und heute zu Tode betrübt. Das tat weh! Für ehrliche Verkäufer wie wir es sind war das ein herber Schlag ins Kontor. Das Internet ist Fluch und Segen zugleich, denn wir verdienen unser Geld auch im Internet. Übrigens hatte ich es mir natürlich verkniffen zu sagen, dass auch andere Onlineapotheken im Internet unter dem Ladenpreis verkaufen würden und ihm das als Apotheker sicherlich auch bekannt sei.

Aber es gab für uns auch noch andere Herausforderungen im Handel. Zum Beispiel: Verkaufen Sie doch mal eine Teekanne mit Filter für 150 Euro an einen taubstummen Mitmenschen. Da waren mal wieder unser ganzes Talent und unser ganzer Ehrgeiz gefordert. Auch Menschen mit Behinderungen sind in der Lage gutes Geld für ordentliche Ware zu zahlen, wenn der Verkäufer mit Geduld, Mimik, Gestik und Charme umzugehen weiß.

Folgende Situation trat in einem Kurort im Weserbergland ein, wo der Veranstalter auf der ersten Veranstaltung vor Ort doch allen Ernstes meinte, man müsse die Besucher für unter fünf Euro Eintritt aufs Gelände lassen. Das war eigentlich für uns schon Grund genug auf die Veranstaltung zu verzichten – waren wir doch der Meinung, dass mit höherem Eintrittsgeld auch mehr Kaufkraft auf die Veranstaltung kam. Nicht, dass wir versnobt wären, wir waren nicht für Abzocke, man musste dem Kunden auch einen Gegenwert dafür bieten: Ein tolles Rahmenprogramm oder ein Glas Champagner würden dafür schon ausreichen. Da die Location aber sehr schön war, der Veranstalter einen soliden Eindruck hinterließ und auch nicht gleich lockerließ, uns auf die Veranstaltung zu holen, schlugen wir ein und hatten damit wieder einmal ein Wochenende mehr zu arbeiten. Dies sollte sich für uns aber hinterher nicht als Nachteil herausstellen: Denn es gab da den Herren, der schon mit seinem gut gefüllten Portemonnaie vor unseren Augen wedelte, bevor er unser Zelt betrat. Er wollte kurz zuvor bei einem Kollegen von uns einen Champagnerkühler erwerben. Der allerdings mit Sterlingsilber gerechtfertigte Preis erschien dem Kunden dann doch zu teuer und er verließ daraufhin fluchtartig die Location, um dann ein paar Meter weiter bei uns über genau das Objekt der Begierde zu stolpern, was er gerade wollte. Andere Kunden in unserem Verkaufspavillon bekamen diese Story natürlich auch mit, die er uns sehr lautstark erzählte, womit er die Aufmerksamkeit aller auf sich zog.

Wie der Zufall es wollte, fiel uns beim Einrichten des Zeltes und dem darauffolgenden Entladen des LKWs ein versilberter Champagnerkühler, den wir zusammen mit anderen Silberwaren günstig bei einem Zwischenhändler in Holland erworben hatten, vom Auto und zog sich eine satte Beule zu. „Mist!" dachte ich in diesem Moment noch, den konnten wir nun nicht für mehr als 400 Euro verkaufen. Doch diesmal meinte das Schicksal es gut mit uns. Angebot und Nachfrage regeln schließlich den Preis. Der betuchte Mann machte so einen auf dicke Hose, dass Uta und ich uns nur verwundert ansahen.

Als es nun also zum Verkauf kommen sollte, funktionierte unser kleines Team perfekt. Uta fragte mich nach einem Sonderpreis und blinzelte mir zu. Ich verstand.

„650 Euro regulär", sagte ich laut, „weil ja nun mit einem kleinen Schönheitsfehler versehen: Ausstellungspreis 400 Euro. Aber bitte in bar!", denn ich wusste ja, dass er viel Bargeld mit sich trug. Er war begeistert (wir erst recht) über seinen Schnäppchenkauf und seine Freundin durfte sich noch was Schönes bei uns aussuchen, da er ja nun richtig Geld gespart hatte. Sie hatte sofort wunderschöne Tischläufer, auch schon Ladenhüter, für ihre edle Tafel für gut befunden. Diese erwarb sie gleich noch mit einem Paar versilberter Kerzenleuchter aus demselben Design wie der Champagnerkühler. Alles zusammen waren die Herrschaften mit fast 700 Euro dabei.

Zur richtigen Zeit am richtigen Ort. Oder wie Händler immer zu sagen pflegen: Für jedes Produkt gibt es einen Käufer irgendwo auf der Welt.

Tierisch

*E*s war Spätherbst und um die Einkaufspassage nach den Herbstferien irgendwie attraktiv zu gestalten, bekamen wir eine Ausstellung zum Thema „Der deutsche Wald und seine dort lebenden Tiere". Eine recht gut besuchte Veranstaltung, woran sich Jung und Alt sehr interessiert zeigten. Dies bewies mal wieder, dass man den Kunden doch mehr bieten muss als nur gefüllte Regale mit Wohlstandsmüll und langweiligen Prospekten mit irgendwelchen Pseudoangeboten.

Wenn so etwas gemacht wurde, stiegen nicht nur die Besucher-, sondern natürlich auch unsere Umsatzzahlen. Die Passage war also rappelvoll mit Menschen, die sich die Ausstellung ansahen, durch die Mall schlenderten und dabei natürlich ganz nebenbei noch einkauften.

„Mama, was sind das für Tiere?", hörte ich ein Kind, das wohl gerade mal drei Jahre alt zu sein schien und noch im Kinderwagen saß, seine Mutter fragen. Ich schaute auf und bekam, mir vis-à-vis vor dem Teepalast, unfreiwillig diese Unterhaltung mit, da ich in diesem Moment gerade mal keinen Kunden hatte.

Die Mutter antwortete mit voller Überzeugung: „Kind, das sind Eichhörnchen. Links ist Mutter Eichhorn und rechts das ist Vater Eichhorn!"

In diesem Moment fiel ich vom Glauben ab. Die beiden standen doch gerade vor einer Vitrine mit riesengroßen, mindestens 80 cm langen und sehr kräftig ausgewachsenen BIBERN!

Ich dachte nur: „Das arme Kind. Da haben die Lehrer in der Schule eines Tages einiges aufzuarbeiten." Pfiffiger fand ich da schon die Kindergärtnerin, die den Kindern auf die Frage, ob denn die Tiere auch mal aus den Vitrinen kämen, sie den Kleinen aber auch nicht gerade sagen wollte, dass die Waldbewohner getötet und ausgestopft worden waren: „Dies sind Puppen." antwortete. Das hatten die Lütten gut verstanden und man jagte ihnen auch keine Angst mit dieser diplomatischen Art der Antwort ein.

Ein weiteres Erlebnis mit der Ausstellung ist mir makaber im Gedächtnis geblieben.

Lautes Gebell von einem großen Hund durchdrang die Passage. Dadurch aufmerksam geworden, sahen wir uns veranlasst, nach dem Rechten zu schauen, ob auch nichts passiert war. Dort sahen wir einen Hund, der vor den Rehen und Hirschen völlig durchdrehte und dabei die Tiere dermaßen laut ankläffte. Anscheinend wollte er damit seine Herrchen verteidigen. Allerdings bemerkte er nicht, dass es sich hierbei um sehr gut präparierte Ausstellungsstücke handelte. Genervt zerrte eine sehr alte, blinde Frau an dem offensichtlich zum Blindenhund ausgebildeten Tier herum. Dahinter ein noch älterer Herr, der sehr gebückt versuchte Schritt zu halten. Die alte, wohl bemerkt blinde Frau war doch sehr bösartig und rief ihrem Begleiter zu: „Liegst du schon wieder auf dem Boden?" „Geht ruhig weiter, ich folge euch schon", sagte der sehr kränklich aussehende, mit Gehbehinderung gebückte, noch ältere Herr. Da stellte sich mir dann doch die Frage, ob es wirklich immer ein Segen war, bis ins hohe Alter noch „gemeinsam" den Rest des Weges zu gehen. Und wie es der Zufall so wollte, traute ich im darauffolgenden Winter meinen Augen nicht. Ich fuhr sehr vorsichtig und langsam zur Arbeit, denn die Straßenverhältnisse gaben es nicht anders her. Da erkannte ich in einem wunderschönen roten Oldtimer der Marke Mercedes Benz die alte, blinde Frau samt Hund und den noch älteren, gebückten Herren hinter dem Lenkrad, wobei eigentlich nur der kahle Kopf ein wenig herauslugte. Sie fuhren so langsam und ängstlich, dass sich auf der sonst doch eher selten befahrenen Straße ein Autokorso bildete.

Später, erst einmal wahrgenommen, sah ich die drei in doch regelmäßigen Abständen in der Passage laufen, oder sagen wir lieber mal schleichen. Jedoch verringerte sich allmählich die Anzahl der Personen und Tiere. Erst starb der Hund, dann gab es dafür Ersatz, danach verstarb der ältere, gebückte Herr und die alte, blinde Frau ging fortan nur noch mit einer Pflegerin einkaufen. Es folgten noch mindestens zwei Blindenhunde, wenn wieder einer aus der Zeit fiel.

In dem Zusammenhang erinnere ich mich an eine Geschichte, die mir mal eine Ausstellerkollegin über die selbsternannte Prinzessin von Sylt in den 20'ern des vorhergegangenen Jahrhunderts erzählt hatte. Die Ex-Prinzessin hatte damals als Inselschönste allen Männern den Kopf verdreht. Sie und ihr Mann durften gemeinsam glücklich alt werden, hatten sehr viel erlebt und viele aufregende Länder besucht. Sie traf dann zum Ende ihres Berufslebens jedoch noch ein Schicksalsschlag, der sie dazu zwang, auch noch im hohen Alter weiter etwas zu erwirtschaften, um ihre karge Rente aufzubessern. So verkauften sie fortan romantisch geschossene Fotos, die der Mann eigentlich mehr zum Hobby machte, klebten sie auf schwarze Kartonpappe und die Ex-Prinzessin versah diese noch mit poetischen Sprüchen. Danach verkauften sie sie als Unikate auf edlen Märkten, wie auch auf einer Gartenausstellung in Wolfsburg.

Es war sehr ruhig, kaum Besucher auf dem Gelände, da dachte sich die alte Dame: „Leg ich mich doch mal zur Pause auf die Parkbank unter einem großen, wunderbar schattenspendenden Baum." Als sie gerade so weggeduselt war, kamen Spaziergänger vorbei, erschraken so sehr, die alte Frau regungslos dort liegen zu sehen, dass eine aus der Gruppe die Prinzessin mit einem kräftigen Schütteln an ihrem Arm wiederbelebte. Gott sei Dank, sagten die Spaziergänger, sei ihr nichts zugestoßen, sie hätten schon befürchtet, einen Rettungswagen rufen zu müssen. Jenen Spaziergängern verkaufte die Prinzessin immerhin noch fünf Schmuckfotos mit dem Titel: „Venedig sehen und …!". Dabei erfreute sie sich ihres Lebens. Nach der Veranstaltung setzten sie sich in ihren alten Citroen und fuhren mit 50 km/h auf der Autobahn zur nächsten Ausstellung. Wie sang Milva noch immer? „Hurra wir leben noch!"

Gute Tat

*A*b Anfang Dezember waren alle Außenveranstaltungen wie Landpartien, Weihnachtszauber und so weiter für uns erledigt. Nun kam die heiße Phase in den Läden. Das Weihnachtsgeschäft brummte tagsüber und was an Arbeit liegen blieb, versuchten wir am späten Abend abzuarbeiten. Noch lange nach Feierabend und bis tief in die Nacht standen wir im Teeladen, um hunderte Präsente zusammenzustellen um sie danach noch sehr aufwändig zu verpacken.

Eines Morgens, nach einer dieser langen Nächte, bemerkte ich, dass ich mal wieder vergessen hatte, das Wechselgeld rechtzeitig bei der Bank zu besorgen. Da traf es sich gut, dass just an diesem Vormittag unser stadtbekannter Drehorgelspieler Ewald zu uns an den Laden trat, um mal wieder eine alte, jedoch gewaschene Socke auf den Tresen zu legen. Gefüllt und gezählt mit Euro-Münzgeld, das er am Vortag von spendenwilligen und äußerst großzügigen Wilhelmshavenern bekommen hatte. So erspielte er schon über eine Million Euro und spendete diese für gemeinnützige Zwecke in unserer Stadt.

Er murmelte sich etwas wie „es sollten circa 300 Euro sein" in den Bart und ging dann erst einmal seiner Tätigkeit nach, weil er ja wusste, dass ich eine Zeit lang bräuchte, um das Geld zu zählen und 300 Euro in Scheinen eingenommen zu haben, um es ihm danach wiederzugeben. Nach einer kurzen Weile und einigen zahlungskräftigen Kunden hatten wir die 300 Euro in Scheinen jedoch relativ schnell beisammen. Ich bat meinen Kollegen nun das Geld zu Ewald zu bringen, der sich gerade auf der Höhe vom Drogeriemarkt in der Passage an seiner Orgel befand. Der Orgelmelodie und der stattlichen Erscheinung des Mannes (nie ohne Melone) folgend, trat er an ihn heran. Ewald war am Orgeln, lächelte ihm zu, ließ sich nicht stören und mein Mitarbeiter zählte in 50 Euro-Scheinen das Geld in seine Spendenschale. Der wiederum verbeugte sich und sagte „Danke".

Da trat eine ältere Frau an meinen Kollegen heran, die das alles von der Seite beobachtet hatte, klopfte ihm kräftig auf die Schulter und sagte: „DASS ES SOLCHE MEN-SCHEN WIE SIE NOCH GIBT! Gott hab Sie selig!" Mit ihrem Gott konnte mein Kollege jedoch weniger anfangen. Er war nämlich Muslim. Völlig verdutzt und aufgewühlt zurück zu meinem Laden gekommen, erzählte er mir von diesem Vorgang und wir lachten herzhaft.

Ich sagte: „Nur gut, dass du unsere Arbeitskleidung, das Fischerhemd anhattest." Damit sorgte er für beste Publicity in unserer Stadt. Da wir uns jedoch nicht mit fremden Federn schmücken wollten und auch immer der Meinung waren: „Tu Gutes und erzähle es (k)einem!", griff ich am nächsten Tag zum Telefon, rief den Redakteur der lokalen Zeitung an und erzählte ihm diese Story. Der wiederum fand die Geschichte auch erzählenswert und druckte sie in der Samstagsausgabe unter der Rubrik, die da lautete: „Sachen gibt's!".

Kurz vor Weihnachten traf ich den Drehorgelspieler wieder. Ich sprach ihn auf den Artikel in der Presse an, worauf er ein wenig zähneknirschend antwortete, dass viele der spendenwilligen Bürger unserer Stadt ihn nun mit leicht süffisanter Stimme fragten: „Na Ewald, hattest du heute schon einen großzügigen Spender, der dir mal wieder 300 Euro gegeben hat?" und lachten. Ich hatte in dem Moment den Eindruck, dass er deswegen doch ein wenig genervt war. Auch wenn er sonst doch ein eher humorvoller Mensch war.

Taschendieb

*U*m immer wieder auf uns aufmerksam zu machen, mussten wir uns schon eine Menge einfallen lassen. Wie alle in der Zeitung zu werben und ein Vermögen an Geld auszugeben war sicher leicht. Aber war DAS die zeitgemäße Werbung, um den Endverbraucher zu noch mehr Konsum zu verleiten? Somit versuchten wir mit anderen Ideen, die Kunden daran zu erinnern, dass es den Teepalast gab.

Da war zum Beispiel, neben unserem kleinen Auto, einem Fiat 500, der blau-weiß-gestreift daherkam und an jeder Ecke auffiel, weil er einfach nur Sympathie ausstrahlte, noch die „ostfriesische Teestunde". Anfangs wurde diese noch von Michael allein, später, dem Erfolg geschuldet, dann mit seiner Schwester Uta zusammen, bei unseren Kunden zuhause ausgerichtet. Neben friesischen Krüllkuchen, diversen Teesorten, selbstgebackener Sanddorntorte, der kompletten Tischdekoration bis hin zu passendem Geschirr inklusive Samowar wurde alles GRATIS vom Teepalast aufgetischt, was wir hatten. Für die Gastgeberin entstanden somit weder Mühe noch Kosten. Schließlich sollten die bis zu zehn Personen einen wunderschönen Nachmittag bei ihrer Gastgeberin verbringen, eingeladen vom Teepalast.

Vor Ort wurde übrigens nicht verkauft – das sah dann doch zu sehr nach „Plastikparty" aus. Vielmehr freuten wir uns, die Gäste später bei uns im Geschäft zu begrüßen oder einfach nur den Kunden mitzuteilen, dass es uns noch gab.

Nicht zuletzt kreierten wir eine ganz besondere Stofftasche, natürlich im blau-weiß-gestreiftem Design. Das Geniale daran war nicht die Tasche allein, sondern vielmehr die Idee dahinter, diese sogenannte Stammkundentasche dem Kunden mit der Bitte zu schenken, er möge diese bei jedem Einkauf zu uns wieder mitbringen. Auf jeden Einkauf mit dieser Tasche vergüteten wir 20 Cent. Der Umwelt zur Liebe wurde die Tasche nunmehr „Kult". Man sah sie fortan überall und das nicht nur in unserer Stadt. Diese Tasche wurde zum Baden an die Strände mitgenommen und die Lütten gingen damit zum Kindergarten, um darin die lebenswichtigen Sachen wie Stulle und Kuscheltier zu transportieren. Andere berichteten, dass sie die Spielzeugautos ihrer Jüngsten darin auf-

bewahrten und Mädchen ihre Schminkutensilien darin vor den Mamas versteckten. Für manch eine Omi war das der beste Beutel für die Strickwolle. Leute, die vorher noch nie unseren Laden betreten hatten, sahen sich nun gezwungen, bei uns einzukaufen, wenn sie denn auch eine der schönsten Einkaufstaschen ihr Eigen nennen wollten.

So auch eine sehr nette, einfach gekleidete, ältere Frau namens Frau Harms. Die, so sagte sie, auch unbedingt eine Tasche käuflich erwerben wollte. Da wir diese aber nicht verkauften, schenkte ich ihr ein Exemplar und machte ihr damit sichtlich eine Freude. Ab diesem Zeitpunkt sahen wir uns öfter, wenn sie in der Mall ihre Einkäufe erledigte. Wir begrüßten uns und ab und an kaufte sie auch eine Kleinigkeit für sich. Dies fiel ihr nicht so leicht, denn wie sie mir mal mitgeteilt hatte, bekam sie nur eine sehr spärliche Rente. Damit konnte Frau Harms sich nicht allzu oft den Luxus leisten, bei uns einzukaufen, doch bei jedem Gang durch die Stadt führte sie stolz die Tasche mit sich und präsentierte sie mir.

Irgendwann war die Tasche jedoch vom vielen Tragen verblichen, weil sie sie natürlich nach mehrmaligem Gebrauch in die Waschmaschine geben musste. Daher fragte sie mich, ob sie nochmal so eine Tasche bekommen könne. Wir hatten zu diesem Zeitpunkt jedoch keine mehr. Die ersten 15.000 Tragetaschen waren relativ schnell vergriffen und die nächste Lieferung ließ lange auf sich warten. Somit mussten wir kurzfristig auf Papiertaschen ausweichen. Die Zeit verging und irgendwann saß ich mit einem Außendienstmitarbeiter zum Gedankenaustausch im Café und wollte mich gerade der neuesten Kollektion von

Teeservices widmen. Da traute ich meinen Augen nicht! Frau Harms lief draußen am Café mit einer selbstgebastelten Jute-Tasche vorbei. Sie bemerkte mich allerdings nicht. Auf der Tasche stand in blau mit Hand geschrieben „Teeladen – WHV – Passage". Zudem hatte sie auch unser Logo mit blauen Streifen auf einer weißen Stofftasche nachempfunden. Das war das größte Kompliment unserer Firmengeschichte! Für mich war es nicht selbstverständlich, dass fremde Menschen Werbung mit „unserem" Logo machten. T-Shirts, Jacken, Handtaschen – was für eine Identifikation mit einer Marke musste man haben, um freiwillig damit rumzulaufen? Geschweige denn, dass man sich ein Logo selbst nachmachte, um dieses anschließend auch noch mit Stolz zur Schau zu tragen?

Wieder ein anderer Kunde berichtete, man habe ihm beim Einkaufen im Supermarkt einfach unsere Tragetasche aus dem Einkaufswagen entwendet. Sowas nannte man dann wohl „Taschendieb" im herkömmlichen Sinne. Zumal der ganze Inhalt der Tasche nebst Portemonnaie im Einkaufswagen verteilt lag und nichts weiter entwendet worden war.

Veränderungen und E-Commerce

*N*ach fast 20 Jahren in der Nordseepassage in Wilhelmshaven, immer an derselben Stelle, lernte ich nun kaum mehr neue Leute kennen. Alles ging seinen alten, gewohnten Trott. Alte Mitarbeiter verabschiedeten sich und neue kamen hinzu. So manch eine Kollegin wurde von uns mit viel Brimborium verabschiedet. So zum Beispiel auch Frau Meier.

Nach langer Zusammenarbeit hatte sie ihr Rentenkonto voll. Wir besorgten einen üppigen Blumenstrauß, Sekt und so weiter und da wir auch immer guten Kontakt zu Organisationen, Schulen, Gemeinden und Kindergärten pflegten, sprach ich unseren Lieblingskinderhort an. Wir unterstützten diesen auch finanziell gerne, da er in einem sehr schwierigen Stadtteil tolle Arbeit machte. Ich bat die Leiterin also am besagten Tag der Verabschiedung mit einer kleinen Abordnung von Kindern zu erscheinen, um der scheidenden Kollegin ein Abschiedsständchen zu singen. Diese Gruppe erschien dann auch pünktlich zum verabredeten Zeitpunkt gegen Mittag, bevor Frau Meier ihren Feierabend antrat. Es kam jedoch nicht eine kleine Gruppe mit fünf Kindern, sondern es marschierten über 40 Kinder im Alter von drei bis sechs Jahren vor unserem Laden auf. Man hörte sie schon von weither kommen, als sie die Passage singend betraten – „… muss i denn, muss i denn…!"

Alle Menschen in der Mall lauschten und folgten der Musik, sodass mit einem Mal 200 Menschen vor unserem

Ladenlokal standen und teilweise sogar noch mitsangen: „…auf Wiedersehen, auf Wiedersehen… Bleib nicht so lange fort!“ Man glaubt ja nicht, was das für Emotionen freisetzen kann. Unsere Mitarbeiter und sogar der Chef konnten sich nicht mehr halten vor Rührung. Ich hielt auch eine kleine Ansprache, die allerdings fast der Heulerei zum Opfer fiel. Schließlich war Frau Meier nicht nur eine unserer am längsten bei uns mitwirkenden Mitarbeiterinnen, sondern wir hatten zu ihr auch ein besonderes Verhältnis.

Unvergessen blieb zum Beispiel als Michael sie überredete, uns zur Eröffnung 1997 zu helfen. Schließlich war sie schon im Ruhestand und wir brauchten jemanden, der die Rolle „Mutter der Nation“ im Laden übernahm. Aus anfänglicher Hilfe wurden jedoch viele tolle Jahre, in denen sie uns und unseren Kollegen immer hilfsbereit und loyal zur Seite stand. Eben bis zu diesem Tag der Verabschiedung.

Am Rande bekam ich noch mit, wie eine ältere Dame einem kleinen Mädchen (circa drei Jahre alt) aus der Kindergarten-Gruppe unsere Baby-Schaufensterpuppe im Fischerhemd zeigte. Eine Woche zuvor erschien diese Omi und schenkte dem Teepalast nämlich Socken, die sie extra für das niedliche Püppchen gehäkelt hatte. Daraufhin bekam es spontan von dem kleinen Kind ein Küsschen und die Omi freute sich doch sehr.

Nicht alle Mitarbeiter verabschiedeten sich jedoch so würdevoll. Es gab auch welche, die unser Vertrauen sehr missbrauchten. Die verwechselten dann schon mal die Tageseinnahmen mit ihrem Gehalt. Uns war es im

Grunde nie aufs Geld angekommen – man kommt nackt auf die Welt und man wird diese auch so wieder verlassen, war meine Devise.

Was uns jedoch viel schlimmer erschien, war die menschliche Enttäuschung. Es tat schon sehr weh, wenn der Angestellte als schuldig überführt wurde und dennoch keinerlei menschliche Reue zeigte.

Im Laufe der Jahre fühlte sich Michael dazu berufen, neben dem Teepalast noch Politik zu machen. Und so erhielten wir im Laden immer wieder prominenten Besuch: Ministerpräsidenten, Kanzler, Politiker jeglicher Couleur gaben sich ein Stelldichein im Teepalast. Dank unserer immer freundlichen Art allen demokratischen Parteien gegenüber, hatte es sich bald herumgesprochen, dass sich Frau oder Mann als Kandidat wunderbar im Teepalast, auf der einzigen offenen und regensicheren Bühne der Innenstadt, präsentieren konnte. Da lag schon das „goldene Buch" aus, in das man sich eintrug, während man einen echten Ostfriesentee zu sich nahm. Welcher Ort erwies sich in der Region geeigneter als ein politisch neutraler Teeladen?

Wer glaubte, man könnte wunderbar im Wahlfang (so scherzte ich gerne) mit den Bürgern über Politik diskutieren, dem sei ab damals mal der Zahn gezogen: Bevor mein Michael Oberbürgermeister-Kandidat war, freute er sich auf die Konversation mit den Menschen. Gute Gespräche gab es wenige bis keine. Höchstens kam mal: „Ich will für mich das und das". Keiner interessierte sich für das große Ganze. Alle dachten nur an sich. So wurde beispielsweise bei dem Besuch einer Bundestagsabgeordneten so getan, als würden nun Bürger Fragen stellen, welche in Wirklichkeit Mitglieder der hiesigen christ-DEMOKRATISCHen Partei waren. Die Fragen und Antworten waren bestens vorbereitet. Von den Bürgern unserer Stadt kamen keine Fragen zur Welt- oder Bundespolitik. Sie waren offenbar gefrustet und anscheinend zu sehr mit der politischen Misere vor Ort verwoben. Dies spiegelte sich am Tag der Wahl auch in der Zahl der Nichtwähler wider.

Michael machte nach dem Wahlkampf zum Oberbürgermeister als Ratsherr der Grünen in der Opposition weiter. Dies machte ihm sichtlich Spaß und er konnte sich richtig für die Menschen in der Stadt Wilhelmshaven ins Zeug legen. Ich unterstützte und befürwortete seine Ambitionen. Wäre ja auch witzig gewesen einmal im Jahr als Oberbürgermeister-Gatte den Eröffnungstanz beim wichtigsten Ereignis der Stadt, dem Marineball, mit einem gleichgeschlechtlichen Paar den Tanz zu eröffnen.

Dies stellte schon während des Wahlkampfes eine prekäre Situation für die Planungsmannschaft des Balls dar. Dieser Punkt wurde jedoch laut unserem guten Bekannten, der dieser Kommission in jenem Jahr als Mariner angehörte, auf den nächsten Tag nach der Wahl verschoben. Wobei man sich schon wundern konnte. Die Marine, eine ansonsten doch sehr konservative Truppe in der Bundeswehr, ging doch relativ progressiv und offen mit homosexuellen Themen um.

Das zeigte sich auch in der Anzahl offen homosexueller Soldatinnen und Soldaten in der Marine. Auch bei Begegnungen mit Ranghöheren, wie Admirälen oder der-

gleichen, während des Wahlkampfes von Michael, wo ich als Partner oft dabei sein durfte, erwies sich die Marine als sehr tolerant. Ganz im Gegensatz zu der Zeit der noch nicht allzu weit entfernten 80'er-Jahre. Da wurde ich mit „5" ausgemustert und unterlag nicht mehr der Wehrerfassung nur weil ich gleichgeschlechtlich veranlagt war. Gut für mich, wo ich auch nicht gerade gesteigerten Wert darauf gelegt hatte mit biertrinkenden Kameraden und stinkenden Socken ein Zimmer zu teilen. Heute ist alles besser. Es wird Gott sei Dank keiner mehr wegen seiner geschlechtlichen Veranlagung, seiner Religion oder des Geschlechts diskriminiert.

Auch wir sind ein Paar, das voll integriert und offen schwul lebend in der Gesellschaft seinen Platz gefunden hat, sei es als selbstständige Geschäftsleute oder als Politiker, im öffentlichen oder im privaten Leben. Nun ja – Michael tobte sich neben der Arbeit im Teeversand auch im Internet und im Laden aus. Als Ausgleich machte er ehrenamtlich als Ratsherr Politik. Somit waren wir, was ihn betraf, ziemlich ausgelastet und zufrieden mit uns und der Welt.

Ich merkte auch an mir eine Veränderung, ich brauchte einen Tapetenwechsel auf ganzer Linie. Es fing damit an, dass ich an mir heruntersah und feststellen musste, dass ich im Laufe des Alltags nicht mehr auf mich geachtet hatte. 105 Kilogramm! – zu viel für eine Größe von 1,79 Meter. Somit ging ich zum Arzt und ließ mich untersuchen. Der wiederum bestätigte das Übergewicht und nebenbei stellte er eine siebenfache Vergrößerung der Schilddrüse mit jeder Menge Knötchenbefall fest. Diagnose: Opera-

tion und sofortige tägliche Einnahme eines Schilddrü-
senpräparats – gesagt, getan! Und von nun an tat ich auch
etwas gegen die müden Knochen – also Bewegung in
Form von Yoga einmal die Woche.
Außerdem veränderte ich meine alten Essensgewohnhei-
ten. Das bedeutete: Ab 18 Uhr keine Nudeln, keinen Reis,
keine Kartoffeln und kein Brot mehr. Mit Ausnahmen
natürlich, wenn wir zum Beispiel bei unseren besten
Freundinnen zum Grünkohl in Oldenburg eingeladen
waren oder das tolle Nikolausessen bei einer liebgewon-
nenen Bekannten in Wilhelmshaven stattfand. An den
Abenden achtete ich mal nicht auf meine strenge Ernäh-
rung, was sonst sicherlich auch zu einer Beleidigung der
Gastgeber geführt hätte. Ansonsten verzichtete ich auf
diese vier Kalorienbomben.
25 Kilogramm weniger, mehr Bewegung und bessere Er-
nährung waren aber noch nicht die Veränderung, die ich
mir vorstellte. Da kam es gerade Recht, dass eine große
Teefirma aus Frankfurt uns den Tipp gab, in Oldenburg
einen Laden zu übernehmen, was ich im ersten Moment
als völlig illusorisch erachtete und dankend ablehnte, denn
es mangelte uns ja nicht gerade an Arbeit. Bei genauerer
Betrachtung erschien der Vorschlag jedoch vielleicht doch
gar keine so schlechte Idee zu sein.
Die Situation in Wilhelmshaven war so, dass ein jeder
sich kannte und sich die Steigerungen der Umsätze nicht
mehr generieren ließen. Hinzu kam die nicht besser wer-
dende Situation in der Passage mit einem englischen In-
vestor als Betreiber, der, wenn man ihn anrief, noch nicht
einmal wusste, dass er eine Immobilie in Wilhelmshaven

besaß. Was sollte man auch von einer englischen Heuschrecke als Briefkastenfirma mit Sitz Isle of Man anderes erwarten?! Geschweige denn, dass diese Herren im Stande gewesen wären neue Mietverträge mit interessierten, solventen Geschäften unter Dach und Fach zu bringen!

Diese und andere Gründe bewegten uns zu der Entscheidung nach einer langen Vorauswahl durch Michael, Mietverhandlungen für ein Ladenlokal in Oldenburgs Innenstadt einzugehen. In einer für uns bestens geeigneten Infrastruktur, einem Viertel mit vielen inhabergeführten Geschäften, planten wir an dieser Stelle einen zweiten Teepalast neu zu eröffnen.

Als wir uns damit intensiver beschäftigten, wollten wir damals nicht einen Laden von einem anderen Händler, den uns das Frankfurter Unternehmen empfahl, mit all den Schwierigkeiten übernehmen, die sich dann auftaten.

So begannen spannende Planungen was den Ladenbau, Warenbestand, Mitarbeiter und Verträge mit Markenpartnern betraf. Bei der Professionalität ging uns die Arbeit beim zweiten Ladenlokal gut von den Händen.

Im Nachhinein empfanden wir das auch ein wenig als schade, denn beim ersten Mal waren die Aufregung und Anspannung, aber leider auch die Ängste, viel größer gewesen. Spaß und Freude an der Arbeit waren trotzdem vorhanden, denn nun konnten wir uns einen Traum in bar erfüllen, ohne bei den Banken betteln zu müssen.

Jetzt hießen wir nicht nur Teepalast, nun hatten wir auch einen Palast. Beim kleinen, aber feinen Laden in Wilhelmshaven sagten wir immer selbstbewusst: „Größe ist keine Frage von Quadratmetern." Aber in Oldenburg sprengten wir alles bisher Dagewesene an Top-Teeläden in der Republik. Gut geschultes Personal, eine Riesenauswahl an besten Tees aus aller Welt, die besten Labels, die neuste Technik – alles vereint in einem realen Traum. So gingen wir an den Start, in einem der schönsten Läden Norddeutschlands.

Es konnte ja auch nicht viel schief gehen. Meine fällige Lebensversicherung und unser gutes Wissen waren das Kapital für den Erfolg. Wir fingen wieder an, tolle Gespräche mit den Kunden zu führen und lernten dabei nicht nur neue Leute kennen, sondern erfuhren gleich nebenbei auch noch, dass in Oldenburg doch mehr Kaufkraft vorhanden war als in Wilhelmshaven. Hier fragten die gutverdienenden und bestens informierten Kunden zuerst nach guter Ware, Bio-Anbau und Rückstandswerten. Außerdem verlangten sie auch gerne ausgefallene Raritäten und Spezialitäten. Der Preis spielte dann doch oft nur eine kleine Nebenrolle. Aber auch in dieser Stadt gab es Menschen, die versuchten zu feilschen.

Wir eröffneten im Herbst und legten einen grandiosen Start hin, dem gleich ein gutes Weihnachtsgeschäft folgte. Am zweiten Adventssamstag betraten zwei junge, leider Hetero-Männer, das sahen wir Mädels sofort, unser neues Ladenlokal. Sie tranken geduldig eine Tasse Tee, die wir jedem wartenden Kunden anboten bis er an der Reihe war. Da hörte ich den Einen zum Anderen sagen, während ich noch meinen Kunden zu Ende bediente: „Du hättest dem Blumenverkäufer nebenan ruhig mal schöne Augen machen können, um den Preis für sein Gebinde noch ein bisschen runterzuhandeln, der steht nämlich auf

Männer. Dann hätten wir hier jetzt mehr Geld übrig für das Geschenk deiner neuen Freundin." Und als sie endlich an der Reihe waren, sagte ich natürlich, nachdem sie mir so den Ball zugespielt hatten: „Dann versuchen Sie doch mal Ihr Glück bei mir. Die Gaststraße ist nämlich dafür bekannt, dass hier viele Gays ihre geschmackvollen Geschäfte betreiben!"

Während schon der nächste Kunde mit den Füßen ungeduldig auf dem Boden scharrte und die Jungs etwas rot anliefen rutschte mir der Satz „Rammeln Sie Sabattmarken?" anstatt „Sammeln Sie Rabattmarken?" heraus. So etwas kann schon mal passieren, wenn man voll in Aktion ist und es schnell gehen muss. Das waren dann berufsspezifische Weihnachtsausfälle im Einzelhandel. Und es geschah dann, wenn man auf mehreren Hochzeiten gleichzeitig tanzte und doch voll konzentriert seinen Job machen wollte. Alle Kunden im Laden mussten lachen und keiner schaute mehr zur Uhr. That's Entertainment! Am Ende des Verkaufsgesprächs wurden sie alle mit einem Lächeln und einer gratis Teeprobe als Naturalrabatt verabschiedet.

Und wenn ich dann nach langer Autofahrt am späten Abend von der getanen Arbeit nach Hause kam und Michael von jenem Vorfall des Tages erzählte, so bestätigte es ihn nur in der Annahme, dass wir diesen Schritt, uns nochmal um Oldenburg zu erweitern, wohl richtig gemacht hatten. Wie pflegte er dann immer zu sagen? „Endlich berichtest du mir wieder von neuen und interessanten Erlebnissen, die ich in letzter Zeit schon von dir vermisst hatte."

Als wir dann so gegen acht Uhr abends einander beim Abendbrot gegenübersaßen, lauschte ich aber auch gerne seinen Ausführungen und was ihn im Laufe des Tages so bewegte. Sei es aus dem Laden in Wilhelmshaven, seiner politischen Arbeit oder die neusten Stories aus dem E-Commerce.

So erzählte er mir mit einem breiten Grinsen im Gesicht, dass heute ein südafrikanischer Kunde Ware auf unserer Wilhelmshavener Internetseite „tee-und-meer.de" bestellt hatte.

Naja, dachte ich nur so für mich, wir beliefern mit unserem Internetshop die ganze Welt. Ich verstand nicht, was daran denn nun so erwähnenswert war. Typisch Politiker – die holen immer so aus, bis sie dann drei Stunden später endlich zum Punkt kommen!

„Rate doch mal", sagte er „was der wohl bestellt hat?"

„Keine Ahnung", erwiderte ich, „Fischerhemden, Porzellan oder vermutlich Tee?"

„Richtig! Original südafrikanischen ROIBOOS. Sofort bezahlt per PayPal, inklusive Auslandsporto!"

„Wie jetzt? Aromatisiert mit Sanddorn, versehen mit Früchten oder Kräutern, was er in Kapstadt sicherlich nicht bekommen konnte?", fragte ich irritiert.

Mit Nichten! Roiboos Natur hatte er bestellt. Ich muss dazu noch anmerken, dass Rotbusch (ins Deutsche übersetzt) ausschließlich in Südafrika angebaut und von dort aus in alle Kontinente exportiert wird, seit die Apartheid abgeschafft und durch die, meines Erachtens, beste Verfassung weltweit ersetzt wurde. Somit importierten wir erst diesen Tee, um ihn anschließend gut verpackt wieder zurück zu exportieren.

Uns war es im Grunde genommen egal, wer die Tees bestellte, geschweige denn wohin das Gut versandt wurde. Jedoch ist unser Herz schon damals sehr grün gewesen und dieses Beispiel war mal wieder typisch für unseren unsäglichen Drang nach Kommerz. Außerdem bewies die Geschichte, dass der Boykott bestimmter Waren doch zum Erfolg führen konnte. Auch wir boykottierten damals Güter aus Südafrika, gingen auf Konzerte zu Miriam Makeba, einer Weggefährtin von Nelson Mandela, trugen T-Shirts mit dem Aufdruck „Freedom for the People of Southafrica".

Zudem waren Wein, Obst und andere Lebensmittel von dort für uns tabu, was jedoch eine Schande war, wie wir später auf Reisen in dieses Land durch uns und unsere damals noch fünf Mitarbeiterinnen, denen wir diesen Firmenausflug zum 10-Jährigen Jubiläum des Teepalastes schenkten, feststellen mussten. Denn jenes Land hat nicht nur die stolzesten Menschen, riesige Bodenschätze und eine Agrarkultur vom feinsten, sondern auch traumhafte Landstriche, woran jeder Tourist sein Herz verliert, der einmal vor Ort war und der fortan immer wieder an den Tafelberg zurückkehren muss.

Sorry, die Redekultur der Politiker, die anscheinend abfärbt, ließ mich vom eigentlichen Thema abschweifen: Berichterstattung durch Michaels „Tagesabenteuer aus dem Internet" nach Feierabend bei uns Zuhause.

Eines Morgens stellten wir die Rechner an und das Erste, was wir machen mussten, war das Kontaktcenter unserer Website. Quatsch – stimmt ja nicht. Dieses Vorkommnis spielte sich zuerst im Laden ab.

Frühmorgens, also um 9:30 Uhr, bereiteten wir uns auf das Tagesgeschäft vor. Das bedeutete für uns Kaffee kochen (natürlich nachdem wir Zuhause den ersten Tee schon zu uns genommen hatten), Kasse einräumen, Warenpräsenter vor die Tür stellen und Tee für den Teeausschank vorbereiten. Schwups, eh wir uns versahen, kam schon vor Ladenöffnung der Postbote mit Rechnungen, Werbung und anderen Briefen hereingeschlichen. Wobei er immer froh war, wenn er so früh schon seine Sendungen loswerden konnte, denn die meisten Geschäfte öffneten erst gegen 10:00 Uhr.

Während ich so meinen Kaffee trank schaute ich die Post durch und mir fiel ein Brief in die Hände, der sich schon dahingehend unterschied, dass er mit einer handgeschriebenen Adresse versehen war und außerdem irgendetwas… doch dazu später. „Interessant", dachte ich sogleich. Sofort öffnete ich den Umschlag. Darin befand sich ein

Bogen Papier mit folgendem Wortlaut, der zu meiner Verwunderung offensichtlich noch mit der Schreibmaschine geschrieben wurde: „Sehr geehrte…" – also das Übliche bis zu dem Punkt wo es interessant wurde – „… in Ihrem hoch gelobten und von Freunden empfohlenen Tee „Tempel der Götter" befinden sich neben grünem Tee, Blüten und Früchten zu meinem Bedauern auch Teile Ihrer Abfüllanlage, eine Art von GUMMISTOPFEN…" und so weiter und so weiter. „Hochachtungsvoll und in Erwartung Ihrer Entschuldigung verbleibe ich vorerst, um mir weitere gerichtliche Schritte vorzubehalten!"

Erschrocken und ängstlich öffnete ich sofort die kleine beigefügte Teetüte und schaute mir den von uns gelieferten Tee an. Ich ahnte aber sofort, wo der Hase im Pfeffer lag und fing laut an zu lachen. Im besagten Tee „Tempel der Götter" befanden sich wirklich neben grünem Sencha, Sonnenblumenblüten, Erdbeer- und Ananasstückchen halt auch die vom – und nun halten Sie sich fest – „Professor für Lebensmittelchemie", so erkannten Gummistopfen. Haha, diese Teile waren eben nicht unserer Abfüllanlage entsprungen, die es außerdem zu diesem Zeitpunkt nicht gab, da wir noch jeden Tee mit der Hand abwogen. Es handelte sich um kleinen, extra aus Asien importierten, getrockneten Tee in Form von halben, gepressten Teekugeln. Diese Teekugeln wurden einzeln in feinster Handarbeit mit viel Liebe hergestellt, um so jenem Tee die Besonderheit zu verleihen.

Wie sollten wir daraufhin diesem wohl älteren Herrn Professor der alten Schule jetzt einfühlsam und ohne arrogant zu erscheinen antworten? Aber wozu hatte man einen äußerst diplomatischen Politiker an seiner Seite, der sich doch so gut artikulieren konnte? Michael tat das mit einem sehr netten Wortlaut per E-Mail, denn trotz des altmodischen Briefes bestellte der gute Mann doch per Internet. Daraufhin entschuldigte er sich sofort schriftlich im Netz vielmals, dass nun ausgerechnet ihm so etwas passieren musste. Außerdem bat er um Zusendung von nochmals 500 Gramm… – na, raten Sie mal.

Mit allen Sinnen

Sommer, Sonne und heiße Temperaturen verhießen selbst in Oldenburg, einer Region, die Arbeit und Wohlstand widerspiegelte, wo viele Menschen in den Monaten Juli und August in Urlaub fuhren, dass für uns im Teepalast die ruhige Zeit des Jahres begann. Ganz im Gegenteil zu unserem Ladenlokal in Wilhelmshaven, wo doch auch in dieser Zeit viel los war, da auch viele Küstenurlauber zum Shoppen in die nächstgelegene Stadt fuhren. Dann hieß es für uns „raus auf die Straße" und Kunden über eine nette Ansprache zum erfrischenden Eistee einladen, um sie anschließend noch in das Ladenlokal zu locken.

So gelang es uns doch das eine oder andere Mal, die wenigen Kunden, die unterwegs waren, davon zu überzeugen, dass Tee nicht ausschließlich in der kalten Jahreszeit zum Wärmen das ideale Getränk ist. Erfrischender Eistee aus Moringa mit Johannisbeeren, Zitrone und Granatapfel war unser Renner. Stark angesetzt, leicht gesüßt und heiß über Eiswürfel gegossen überzeugte er auch diejenigen, die uns nach der Frage, ob sie auch mal testen wollten, doch sehr skeptisch anschauten. Noch ein paar Zusatzargumente wie Vitamin A, C und D (gut für die Knochen) sowie teeinfrei waren schließlich mit Erfolg gekrönt und schwups hatten wir Tee mit passender Eiskaraffe verkauft.

Frau Langbein, eine sehr engagierte Mitarbeiterin, hatte vor der Tür immer den meisten Erfolg. Auch dann, wenn es hieß: „…dann muss ich gleich wieder zur Toilette…", „…keine Zeit…", „…habe gerade gefrühstückt…", „…bin Kaffeetrinker…". Auf Letzteres konnte ich mir dann oft nicht verkneifen zu sagen, dass das eine das andere doch nicht ausschließen müsse. Ich trank schließlich auch mal einen guten Kaffee oder einen Espresso beim Italiener. Und wenn eine/r vorbei ging und zu mir sagte: „Sie trinken ja gar keinen Tee?", erwiderte ich stets mit einem Lächeln: „Ein Bäcker isst ja auch nicht den ganzen Tag nur Brot!" Eine der urigsten Antworten, die wir auf unsere Frage erhielten, ob wir jemanden auf einen Eistee einladen dürften, war die Gegenfrage, ob der Tee denn kalt sei. Davon ließ sich Frau Langbein aber nicht entmutigen. Sie wünschte jeder Spezies von Mensch, die mit ihr ins Gespräch kam trotzdem „einen schönen Tag".

Ein nettes junges Paar kam dieser Einladung gerne nach, um danach meiner Mitarbeiterin in den Teepalast zu folgen. Sie zog sie auch so in den Bann, dass ein gutes Beratungsgespräch zustande kam. Als dann jedoch meine Kollegin der Dame die Teedose zum Schnuppern unter die Nase hielt, mit der Bitte doch einmal zu schauen wie schön der Tee sei und sie möge doch bitte mal eine Nase voll nehmen, sagte die Kundin laut zu ihrem Mann: „Schatz ich rieche heute nicht so gut." Der erwiderte prompt: „Dann wasch dich!" – huch…?!

Frau Langbein und ich schauten erst sehr erschrocken, anschließend mussten wir alle vier vergnüglich darüber lachen. Die nette Frau ließ sich jedoch gar nicht irritieren, gab ihrem Mann „eine zwischen die Ohren" und kaufte sodann kräftig bei uns ein. Als Revanche durfte er die fette Rechnung übernehmen, wobei sie nur süffisant lächelte.

Um immer wieder auf uns aufmerksam zu machen, gehörte neben einem guten Sortiment und einer kompetenten Kundenberatung auch ein ausgeklügeltes, schön dekoriertes Schaufenster mit zum Repertoire. Blumen und Kräuter passten hervorragend zu einer Sommerdeko. Als ich eines warmen Sommertages in der Auslage so vor mich hin handwerkelte kam mir die Idee, doch neben Kräutertees und schönen Teegläsern auch schwimmende Teerosen in schönen Glaskaraffen zu zeigen, die zu diesem Zeitpunkt sehr in Mode waren.

Diese Gebilde in kugelähnlicher Form wurden meist aus grünen oder weißen Teeblättern, mit Jasmin- oder Hibiskusblüten gefüllt und in mühseliger asiatischer Handarbeit mit viel Fingerspitzengefühl gefertigt. Einen Krug

oder ein großes Glas mit warmem Wasser über die Teerosen gegossen, ließ dieses sie erblühen wie die „Rose von
Jericho", jedoch unter Wasser. Zudem ein wohlschme-
ckender Tee. Ein herrliches Schauspiel, das ich auch einer
älteren Dame erklärte, die mich fragend durch die Fens-
terscheibe anschaute und zu mir hereinkam. Daraufhin
musste sie mir eine Geschichte erzählen, die sich folgen-
dermaßen dargestellt hatte: Sie, noch jung an Jahren,
musste fünf Kinder meistens allein großziehen, da ihr
Mann Alleinverdiener war und ständig auf die Arbeit
musste. Der Mann schenkte seiner Frau zum Trost jedoch
hier und da einen schönen Blumenstrauß. Sie wunderte
sich, dass die Blumen, die sie am Vortag bekam, ab und
zu im Trockenen standen. Erst dachte sie, sie habe wohl
vergessen, Wasser in die Vase zu füllen. Eines Tages er-
wischte sie jedoch ihren damals noch dreijährigen kleinen
Sohn dabei, wie er die Blumen zur Seite legte und das
etwas modrig riechende Blumenwasser trank. Wohl auch
eine Art Tee dachte sich der Knirps damals. Die ältere
Dame war übrigens meine Mutter und der Sohn mein
Bruder Rolf, einer von fünfen (mich gab es zu diesem
Zeitpunkt noch nicht).

Riechen – Sehen – Schmecken

Urlaubserinnerungen

*D*a wir uns mit dem schönsten Thema der Welt, nämlich dem Tee, verbunden fühlten, lag es natürlich nahe, unsere Urlaube dieser Thematik zu widmen. Ich fand es damals schon etwas vermessen, wenn die Leute sagten, man habe „sein Hobby zum Beruf gemacht". Meiner damaligen Meinung nach machte ich ein Hobby solange, bis ich die Lust daran verlor. Bei einem Beruf ging es jedoch auch darum, seinen Lebensunterhalt damit zu bestreiten. Da kam es schon mal vor, dass einem die Motivation ausging und die Batterie wieder an die Ladestation musste.

Somit führten unsere Urlaube oft in Länder, wo es auch Teeanbau gab, so auch des Öfteren nach Südafrika. Dort nahmen wir über einen unserer Teeimporteure Kontakt zu einem Roiboos-Bauern (Deutsch: Rotbusch, Englisch: Redbush-Tea) auf, um ihn zu besuchen und zugleich die Reise mit der damaligen gesamten Belegschaft des Tee-

palastes im darauffolgenden Jahr vorzubereiten, die wir planten. Schon komisch, dass die Reise, die ich mit Michael allein machte, vom Finanzamt bei einer späteren Prüfung als Bildungsreise anerkannt wurde und abschreibungsfähig war. Die Reise, die wir ausschließlich aus beruflichem Interesse mit den Mitarbeitern machten, wurde jedoch abgelehnt. Es verstehe einer das deutsche Steuerrecht oder die Willkür der Beamten.

Auf der Roiboos-Plantage der Familie van der Meer im Biedow-Valley angekommen hieß es erstmal Betten belegen. Und zwar im „little-white-Schoolhouse", einer klitzekleinen ehemaligen Schule aus der Zeit der Apartheid. Dort fanden wir unser Quartier für die Nacht – zwei Räume und eine Toilette für fünf Personen. Diese Rooibos-Plantage konnte man sich vorstellen wie bei der Walthens Familie aus dem Film „Unsere kleine Farm".

Nachdem uns die ganze Prozedur der Rooibos-Produktion gezeigt wurde, von der Ernte bis zur Fermentation in groß aufgeschütteten Teewällen auf einer Art riesigem Tennisplatz, ging es am Abend unter einer uralten Eiche und einem unbeschreiblich schönen Sternenhimmel zum Barbecue ans Haupthaus des Farmers. Dort wurden uns südafrikanische Spezialitäten wie gegrilltes Springbocksteak und Straußeneieromeletts serviert. Als Getränk gab es Roiboos-Bowle mit köstlichen Marula-Früchten auf südafrikanischem Champagner.

Mit vollem Bauch versuchten wir dann bei geöffneter Zwischentür zu fünft zu schlafen, was natürlich nicht so schnell gelang, da alle von den vielen Eindrücken sehr aufgekratzt waren. Als wir dann doch so langsam müde wurden, hallte nur noch ein „Gute Nacht Johnboy, gute Nacht Mary-Ellen" von Manuwela, unserer Mitarbeiterin, die uns auf dieser Reise so unendlich gut bespaßt hatte, durch die Räume.

Eingeschlafen sind wir jedoch erst nachdem alle Fenster gut verschlossen waren, weil wir befürchteten, dass gefährliche Leoparden in unser Zimmer eindringen könnten. Davor hatte man uns eindringlich gewarnt.

Paradox

*U*nd wieder zog ein Winter vorüber und es folgte der Januar mit den viel zu wenigen Sonnenstunden, der langen Regenzeit mit einhergehender Kälte und Nässe. Tage, die für uns furchtbar lang waren und nicht vorbeigehen wollten, da alle Menschen das Konsumieren nach den vielen Feiertagen satthatten. Die frühe Dunkelheit konnte die Menschen auch nicht verlocken, in den Abendstunden einkaufen zu gehen. In der Weihnachtszeit waren die Städte wenigstens noch kräftig beleuchtet gewesen.

Ich konnte mich schon damals nicht daran gewöhnen. Nach dem umsatzstarken Dezember kommt das, wie wir zu sagen pflegten, „immerwährende Tal des Jammers". Damals verbrachten wir schon viel Zeit damit den Laden aufzuräumen, Ware aufzufüllen und eine Grundreinigung zu machen. Außerdem fuhren wir in diesen Tagen gerne zu diversen Frühjahrsmessen nach Hamburg, Frankfurt oder München, um neue Teekreationen und interessantes Zubehör aufzuspüren, die unsere Welt bis dato noch nicht kannte. Ich dachte nach vielen Jahren im Handel: „Man kann das Rad nicht neu erfinden."

Als wir jedoch nach tagelangem Suchen von einer Messe aus Frankfurt zurückkehrten, mit einer Art paradoxer Sanduhr, die anstelle von oben nach unten zu laufen, von unten nach oben lief, hatten wir doch mal wieder etwas entdeckt, womit wir unsere Kunden begeistern konnten. Drei Minuten Ziehzeit für den Tee, auf die man bestimmt achtete, denn es machte schon Freude darauf zu schauen, wie die Zeit langsam „nach oben" ablief! – Abwarten und Tee trinken! Zudem war die Uhr auch wunderbar geeignet, um Kinder fürs Zähneputzen zu begeistern. Drei Minuten auf jeder Seite und die Blagen konnten wieder strahlen! Mit einigen neuen Tees und etwas Zubehörausbeute von den Messen freuten wir uns, in den Laden zurückzukehren, um unseren Kunden diese neuen Errungenschaften zu präsentieren und natürlich auch gleich mal zu verkaufen. Das war dann doch der Vorteil eines Messebesuchs. Wir als Verkäufer waren anschließend sehr motiviert von all den Eindrücken und Neuheiten. So machte das Verkaufen wieder Spaß!

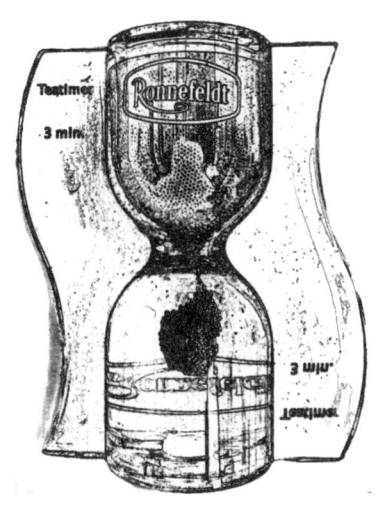

Andere Länder, andere Sitten

*N*ach einer harten Wintersaison mit einem zögerlichen Start im November und Dezember erholten sich die Umsätze jedoch im Januar und Februar dermaßen, dass wir in dieser Zeit „Vollgas" geben mussten, um allen Kunden auch gerecht zu werden. Dieses Auf und Ab im Geschäftsleben ließ mich auch nach mehr als zwanzigjähriger Selbstständigkeit nicht unberührt. Umso mehr wurden, auch mit zunehmendem Alter, unsere Urlaube immer wichtiger. Zum einen, um Kraft zu tanken und zum anderen, um wieder lächelnd im Laden stehen zu können.

Also ab in die Sonne Ägyptens. Dieses Mal mussten wir wieder einmal keinen unserer Tees für unseren eigenen Bedarf mitnehmen, fuhren wir doch in die Heimat des Hibiskusstrauchs. Das Malvengewächs wird an einem der größten Flüsse Afrikas, dem Nil, en Gros angebaut. Dieser war für mich damals schon der schönste Fluss der Welt. Wenn man ihn mit einer Nilkreuzfahrt bereiste und vorher mit dem Flugzeug bis nach Luxor flog, so sah man doch genau ab dem Zeitpunkt wo das Mittelmeer endet und Afrikas Wüste beginnt, dass links und rechts neben dem Fluss ein grüner Streifen von üppiger Natur den Fluss umarmt. Die sich jährlich wiederholenden, gewollten Überschwemmungen bringen Sedimente mit all ihren guten Nährstoffen auf die anliegenden Flächen, die wie sehnsüchtig darauf warten. Aus ihnen gedeiht das pure Leben und eben der weltbeste Hibiskus.

Riesengroße Blütenkelche, dem natürlich der wundervolle Tee sein tolles Aussehen und seinen grandiosen Geschmack verdankt.

Sobald auf unseren Reisen etwas in Sachen Tee aufzunehmen war, wurden wir hellhörig. Als wir kurz vor unserer Abreise noch ein original Berberdorf besuchten, erfuhren wir wie diese sich entschieden die richtige Frau zu heiraten. Wie man weiß, müssen Frauen dort eine Burka tragen, sind also komplett verhüllt. Der Mann sieht seine Auserwählte bis dato also nicht gänzlich, bis zu dem Zeitpunkt, wo der Mann seinen Heiratswillen bekundet und beim Brautvater um die Hand seiner Tochter anhält. Nachdem die Mitgift (meist Kamele und Ziegen) ausgehandelt und der Schwiegersohn auch für kräftig genug gehalten wird, eine Familie zu ernähren, kommt es zum finalen Treffen zwischen Braut und Bräutigam. Es gibt Tee! Innerhalb EINER Stunde müssen sich beide entscheiden. Wohlgemerkt erst nachdem die Eltern und die Scheichs der Vermählung zugestimmt haben.

Es dürfen nur Berber untereinander heiraten, also keine Christen, Juden oder Andersgläubige. Nach dem einstündigen Gespräch serviert die Frau Tee. Nun hat sie sich entschieden: Reicht sie ihm einen gesüßten Tee mit Zucker, so willigt sie ein. Gibt es ungesüßten Tee, bringt sie hiermit zum Ausdruck, dass aus der Hochzeit nichts wird. Nun ist der Mann am Zug: Trinkt er den gesüßten Tee, nachdem sie den Schleier gelüftet und ihr Gesicht gezeigt hat, kommt es zur Hochzeit. Rührt er den gesüßten Tee nicht an, so geht die Suche von vorne los.

Wieder Zuhause angekommen orderten wir sofort bei einem unserer Teeimporteure in Hamburg den original ägyptischen Hibiskustee.

Nachdem wir unseren Mitarbeitern von dieser Sitte der Berber berichteten, erzählte uns Frau Lindthaus, die gerade bei uns neu angefangen hatte, eine Geschichte von ihrer Großmutter. Die trank, so sagte sie, bis ins hohe Alter jeden Tag nur literweise Kamillentee und somit über 95 Jahre alt wurde.

Wir glaubten damals, ihre Enkelin wollte es ihrer Oma gleichtun. Frau Lindthaus stellten wir nämlich in einem Alter von fast 60 Jahren bei uns ein. Eine sehr agile Dame, die die Arbeit sah, eine gepflegte Erscheinung hatte, loyal uns gegenüber, pünktlich und zuverlässig war. Zudem verfügte sie über Witz und Verstand. Sie war es also auch, die zusammen mit ihren Schwestern die Pflege der Grabstätte der Oma übernahm. Als sie nach einer längeren Phase wiedermal das Grab der Großmutter besuchten, trauten sie ihren Augen kaum. Aus dem Grab heraus wuschs ein Kamillenstrauch, der schon biblische Ausmaße annahm. Sie schworen, dass keine der drei Schwestern ihn jemals gepflanzt hatte. Beim Versuch diesen Strauch zu entfernen konnten sie sich des Eindrucks nicht erwehren, Oma hielte die Pflanze von unten fest.

Alle drei mussten mit viel Kraft gleichzeitig daran ziehen, um den Busch herauszubekommen.

Also Vorsicht beim Genuss von gesüßtem Tee und bei zu viel Kamille. Oder anders gesagt: Drum prüfe, wer sich ewig bindet!

Kindermund tut Wahrheit kund

*J*m darauffolgenden Urlaub ging es mit Freunden nach Griechenland. Genau genommen auf die Insel Thasos. Wer meint, die Griechen hätten mit Tee nichts am Hut, der irrt. Griechischer Bergkräutertee gehört zur Gattung der Sederitis-Pflanzen, also einer Art von Salbeigewächs, auch bekannt unter dem Namen „kretischer Tee". Der erlebte in dieser Zeit in Deutschland und vor allem in unserem Oldenburger Laden einen Boom. Es hatte sich herumgesprochen, dass dieses wohlschmeckende Getränk mit Honig gesüßt nicht nur Hals-

schmerzen linderte, sondern auch gut für die Stimmbänder sei, sodass damals die halbe Belegschaft des Oldenburger Staatstheaters, vor allem die Opernsänger, diesen regelmäßig und viel zu sich nahmen. In Griechenland wuchs dieser „Tee" (im Grunde gar kein Tee im klassischen Sinne, sondern ein Aufgussgetränk) in jeder Felsspalte und in solch Mengen, dass er ständig und überall zu erhalten war. Nach den großen Waldbränden auf Peloponnes im Jahre 2007 wurde die Pflanze in einigen Gebieten jedoch unter Naturschutz gestellt. Zudem wurde einfach zu viel geerntet. Vor allem Mazedonier kamen über die Grenze und ernteten diesen Tee in solch großen Mengen, dass diesem Verhalten Einhalt geboten werden musste. Seitdem wurde auf Kreta versucht, die Pflanze zu kultivieren und in Plantagen anzubauen, was dann auch gelang und Griechenland um ein kleines Exportgut reicher machte. In unserem Geschäft in Oldenburg wurde sofort nach unserer Reise der Bergkräutertee in großen Eiskaraffen, mit darin schwimmenden Bio-Zitronen, als Eistee ausgeschenkt. Das Ladenlokal dekorierten wir mit griechischen blau-weißen Fahnen und weißen Säulen wie sie auf dem Olymp stehen. Auch unser vierjähriges Linchen (nebst befreundetem „Ersatz-Vati"), Mitbewohnerin über unserem Laden und Tochter von Imke, probierte diesen Tee bei Frau Lindthaus, die an diesem Tag vor der Tür ihren Dienst versah.

Abends vor dem zu Bett gehen erzählte sie mit aufgeregter Stimme ihrer Mami, dass sie heute von Ines einen Tee bekommen hatte. Woraufhin Imke sie erstaunt ansah und fragte, wer denn bitte Ines sei? „Na, die Mutti von Thorsten, dem Chef des Teepalasts!" – „Ach, du meinst Frau Lindthaus" erwiderte die Mutter und grinste in sich hinein. Am darauffolgenden Tag kam Imke sofort zu uns in den Laden und erzählte mir diese kleine Geschichte, die sich zuhause bei ihr abgespielt hatte. Meiner nur drei Jahre älteren Angestellten erzählten wir davon nichts.

Six Pence

*A*n einem wunderschönen Tag im Oktober betraten zwei Ehepaare, wie sich schnell herausstellte
ein Paar aus England und ein befreundetes Paar aus dem
Oldenburger Land, unser Geschäft. Letzteres wollte
„ihren" Teepalast unbedingt den Briten zeigen, wohlwis-
send, dass wir hier im Norden ebenso viel vom Teetrinken
verstanden wie die Engländer. Als aufmerksamer Betrach-
ter der Situation begrüßte ich sie sogleich in englischer
Sprache mit den Worten: „Hello, what can I do for you?"
Zuerst britisch zurückhaltend und etwas vornehm erwähnte die Lady, dass sie hier seien, um etwas über die ostfriesische Teezeremonie zu erfahren. Ich begann in Englisch mit etwas Stolz in der Stimme, dass die „Ostfriesische
Teestunde" immaterielles Weltkulturerbe sei. Anhand des
von mir sogleich dargestellten Teegeschirrs nebst Rahm-
löffel, Tee und Kluntje demonstrierte ich anschaulich was
es damit auf sich hatte. Nach dieser ganzen Prozedur fragte
mich der Gentleman, der ebenso aufmerksam zuhörte wie
das deutsche, befreundete Ehepaar, wie viel Tee er denn für
eine Tasse verwenden müsse? Ich antwortete leicht amüsiert: „Na als ob Sie als Engländer das nicht wüssten.
Schließlich waren es doch die Briten, die jene Teekultur in
Europa etablierten. Ein bis ans Ende der 60er Jahre noch
gültiges englisches Six-Pence-Stück kam auf die Feinwaage,
das genau 2,86 Gramm wog. Dies war und ist das Richtmaß
für eine Tasse (200 Milliliter) Tee. So viel wie auf den von
mir hier gezeigten Messing-Löffel passt."

Da lachten die vier Freunde und zwei Pärchen verließen danach mit je einer Tragetasche voller Tee und original Messing-Teemaß sichtlich zufrieden unser Geschäft. Wir verabschiedeten uns in bestem Englisch mit den Worten: „Nice to meet you. I hope I'll see you again next year. Have a nice time. Goodbye." Die Oldenburger bat ich noch mit einem Augenzwinkern, sie mögen doch noch mehr so nette Menschen mit hierherbringen.

Eine Dame dahinter, schon leicht ungeduldig, fragte patzig wann sie denn endlich bedient würde, trat an den Tresen und fuhr gleich mal fort mit den Worten, dass ich mit ihr bitte in unserer Muttersprache Deutsch zu reden habe, nachdem ich lächelnd und gut gelaunt „next please" zwitscherte. Ich erwiderte: „Selbstverständlich, aber bitte verstehen Sie, dass wir im Einzelhandel auch Dienstleister sind und unseren Gästen gerne in einer ihnen verständlichen Sprache unsere Waren darbieten und verkaufen wollen. Das gebührt schon die Höflichkeit."

Zudem empfand ich es schon als ein wenig peinlich, wenn Niederländer zu uns kamen und im besten Deutsch Ware erwarben. Somit kam ich ihnen doch gerne mit der internationalen Sprache Englisch entgegen. Außer mit ein paar Brocken Niederländisch wie „dank je wel" (danke) und „tot ziens" (Auf Wiedersehen) konnte ich keinen beeindrucken. Aber es reichte so manches Mal, um ihnen ein Lächeln zu entlocken.

Ein Jahr später öffnete sich die Ladentür und das englische Ehepaar betrat wieder einmal unser Geschäft. Sie kamen herein, freuten sich wieder hier zu sein und auf mich zu treffen, wie mir der Gentleman zu verstehen gab.

Nun standen sie vor mir und er reichte mir drei Tütchen. Sie glauben es kaum: In jeder befand sich ein Six-Pence-Geldstück! Zwei aus dem Jahre 1959 und eins sogar aus dem Jahr 1919, also zu diesem Zeitpunkt genau 100 Jahre alt und mit einem Silberanteil von 95 Prozent. Wow, war ich gerührt! Wieder einmal bewies sich, dass, wenn man seinen Beruf gerne und mit Spaß macht und anderen Menschen eine Freude bereitet, sie dies auch belohnen. Fortan kaufte er seinen English Breakfast nur noch im Teepalast und nicht in London. Wobei er von mir natürlich als Dankeschön 500 Gramm aus Freude über die Münzen gratis erhielt.

Thank you very much! Wer sagte eigentlich, Englisch lernen sei Quatsch?

Die Königin der Meere

*W*ie schon erwähnt suchten wir uns gerne Reiseziele aus, die irgendwie mit dem Thema Tee zu tun hatten oder wo zumindest Teetrinken kein Fremdwort war. So machten wir des Öfteren auch Kreuzfahrten mit der englischen Reederei „Cunard". Auf dem legendären Ozean Liner „Queen Mary 2", wo man sich täglich, pünktlich zum „5 o'clock Tea" (auch „High-Tea" genannt) im Ballsaal „Queens Room" traf, um sich mit Earl-Grey-Tee, Fingerfood und Scones mit Cloddige Cream den Gaumen verwöhnen zu lassen, waren wir zu dieser Zeit Stammgast.

Da wir als Teeverkäufer aus dem Norden der Republik auf der Arbeit meist Jeans und Fischerhemden trugen war es für uns auf Reisen ein Vergnügen, sich in Schale zu schmeißen – einen Zweireiher mit Krawatte zu tragen, wenn nicht sogar Smoking mit Fliege. Ein Bänker, ständig im Anzug, schätzte sicherlich die Ungezwungenheit auf anderen Schiffen. Wir allerdings liebten die elegante Atmosphäre jenes Kreuzfahrers. Gentleman Hosts, gut ausgebildete Tänzer, durften gratis mitreisen. Sie wurden extra nur zu dem Zweck eingestellt, um sich dem Überbestand gut situierter älterer Damen (die Männer meist „gut tot", wie meine Schwiegermutter immer zu sagen pflegte) zu widmen, Smalltalk zu betreiben und sie natürlich zum Tanzen aufzufordern. Oft wirkten die Damen anfangs noch hilflos, bewegten sich jedoch nach mehreren Tänzen dank der professionellen Tänzer nahezu schwerelos über das Parkett. Da saßen wir gerne am Rand der Arena und spielten Guido Maria Kretschmer: Also nein, diese Schuhe zu der Robe gehen gar nicht. Und schau mal die Handtasche der Dame passt genau zu dem Gürtel des Tanzpartners.

Gerade auf der Transatlantikpassage zwischen New York und South Hampton waren besonders viele schrullige, britische und leicht übertakelte Ladies an Bord. Meist mit viel Klunker behangen und oft in Kleidern mit langen Schleppen. Es waren aber auch andere, sehr hübsche Passagiere zu beobachten. So zum Beispiel das circa 35-jährige Ehepaar, das mit Tochter und Sohn an Bord war. Jeden Tag warteten wir schon auf deren Auftritt, gespannt was uns heute geboten wurde. An acht Tagen (so lange dauerte die Überfahrt) waren allesamt jeden Tag anders ausstaffiert. Besonders die Kleinen waren gekleidet wie Prinzessin und Prinz. Was war das für eine Augenweide, wenn sie den Saal betraten. Frack, Schärpe, Kostüm, langes Ballkleid, tolles Schuhwerk und bestens frisiert – ein Bild wie aus einer Illustrierten von den Royals. Da fielen nicht nur unsere Blicke auf diese so schön auszuschauende Familie.

GinT

$\mathscr{D}$a wir ja nun schon seit Jahren Ronnefeldt-Markenpartner Nummer eins waren, kam es im Zuge des In-Getränks Gin natürlich bald dazu, dass wir auch einen auf dem jährlich wiederkehrenden Treffen von unserem Teehändler präsentiert bekamen. In Zusammenarbeit mit einem großen Hotel an der Ostsee, Ronnefeldt und der renommiertesten Schnapsbrennerei Deutschlands entstand ein Gin, der mit unserem meistverkauften Grüntee „Morgentau" infusioniert war: GinT.

„Ach", dachte ich erst, „wieder mal so eine Mode." Als Partner unseres Lieferanten und Kaufmann bestellten wir gleich mal ein paar Flaschen für den Verkauf im Laden. Der fand jedoch, wider meiner Erwartungen, seine Liebhaber und ließ sich auch recht gut veräußern.

Eines Abends in unserem Lieblingshotel, der Bleiche im Spreewald, bestellte ich mir an der Bar, nachdem ich vier Tage andere Cocktails versucht hatte, bei der Barkeeperin den von ihr so empfohlenen „Cocktail of the Day". GinT mit einem Minzblatt, einem Stück echter Spreewaldgurke und einem mir bis dahin unbekannten Matcha-Tonic-Water. Auf ordentlich Eiswürfeln serviert – richtig süffig und lecker.

An solch einer Bar, für mich eine der schönsten ihrer Art, die ich bis dahin kannte, und dann noch von so einer Kennerin ihres Fachs kredenzt, entwickelte sich der Abend so angenehm, dass ich an diesem Abend mehrere dieser Cocktails genoss. Anschließend musste Michael mich

aufs Zimmer begleiten, sonst hätte ich sicherlich das falsche aufgesucht, denn ich hatte ordentlich „einen im Tee".
An dem darauffolgenden Tag beließ ich es dann doch lieber bei Tee ohne Alkohol, denn in jenem Resort gab es eine Riesenauswahl mir bekannter Teesorten.

Von mir noch eine Anmerkung zum Thema Tee in der Hotellerie, sprich Gastronomie. Anfangs dachten wir noch, wir müssten jeden Wirt davon überzeugen, dass er unser Teesortiment mit in sein Programm aufnehmen müsste. Das klappte am Anfang auch recht gut, bis wir merken mussten, dass nachdem wir unser Equipment, wie verschiedene lose Teesorten nebst Samowar, Filter und derer mehr, geliefert hatten, nach einigen Wochen kein Rücklauf kam. Bei einem weiteren Besuch in jener Gastro fiel uns auf, dass unser Tee zu Ende war, nicht nachbestellt, vergessen wurde und nun doch wieder der alte Teebeutel aus dem Supermarkt in der Tasse der Kunden landete. Wir mussten uns dann doch schnell und schmerzlich von dem Gedanken verabschieden, dass nicht jeder einen solchen Anspruch an sein Unternehmen stellte wie wir. Wenn ein Gastronom seinen Beruf ernst nimmt und einen guten Job machen will, dann sucht er auch einen Weg, an gute Ware heranzukommen. Uns tat es oft weh, wenn die Ostfriesische Teestunde, wie schon erwähnt immaterielles Weltkulturerbe, worauf wir mit Recht stolz sind, in Ostfriesland mit den Füßen getreten wurde und der Kunde 'nen „Büddel im Pott" serviert bekam. So etwas bestellte der Kunde nur einmal.

In „unserer" Bleiche jedoch merkte man sofort mit wieviel Hingabe und Liebe in diesem Hotel bis ans kleinste Detail gedacht wurde und das betraf nicht nur den Tee. Da trennte sich sprichwörtlich die Spreu vom Weizen. Theodor Fontane brachte es auf den Punkt: Der Zauber steckt im Detail.

Wunschkonzert

An einem ruhigen Abend, so gegen halb sechs, im Oldenburger Laden: Aufräumen, Tee auffüllen, und so weiter. Das übliche Abendprogramm also. So äußerte ich meiner Angestellten gegenüber, wie schön es jetzt wäre, käme noch ein Kunde, der die 24 Karat vergoldete Teekanne von Bredemeijer, die eigentlich exklusiv für eine große asiatische Airline in der Businessclass ihren Einsatz fand, erwerben würde.

Auf einmal ging die Tür auf und ein Herr verlangte genau diese besagte Teekanne im Wert von 498 Euro. Tage zuvor interessierte sich seine Frau dafür und nun, zum Hochzeitstag, wollte der Herr diese Teekanne seiner Frau schenken. ...ok!

Eine Woche verging, es wurde wieder ruhig und ich sagte: „Nun noch ein Kunde für die Gartenstühle und den dazu passenden Tisch, die sich schon zum Ladenhüter vor unserem Laden entwickelt haben." Als wir diese gerade reinstellen wollten, fuhr ein Kunde mit Transporter vor, zahlte bar und lud sie in den Wagen. Weg war die Gruppe! ...hmmmm!

Noch eine Woche später, gleiche Zeremonie mit meiner Kollegin, die mich schon fragend angrinste, als ich sagte: „Eine integrierte Mono Teekanne stünde uns so kurz vor Feierabend noch gut zu Gesicht. Die Summe würde die Kasse heute noch schön aufmöbeln." Tür auf – Kanne verkauft. ...crazy!

Ein paar Tage später, ich traute mich schon nicht mehr, meine Kollegin zu fragen, sagte sie schon von sich aus: „Na? Was muss denn heute noch weg?" „Ich weiß nicht. Irgendein Samowar vielleicht oder ein Teeservice" antwortete ich. Das könne ja nicht schon wieder funktionieren. Das Leben sei ja kein Wunschkonzert.

„Nein" sagte sie daraufhin „wir müssen uns schon etwas Konkretes wünschen, sonst geht es nicht in Erfüllung." Also hatten wir die 0,6 Liter limitierte Black Opal Kanne auserkoren.

Kaum zu glauben, im gleichen Moment kam es, dass ein junger Typ reinkam, sich für japanischen Grüntee interessierte und ich ihm diesen auch schnell verkaufte, weil ich heute ausnahmsweise mal den Laden pünktlich verlassen wollte. Er verabschiedete sich schon und fragte mich beim Rausgehen ob eine Kanne wie die, die gerade seinen Blick erhaschte, gut für einen so großblättrigen Tee geeignet war, wie er ihn eben gekauft hatte. Aber natürlich, ich erklärte ihm in kurzen Sätzen die Vorzüge jener Kanne. Da drehte er sich um und schaute auf die kleinere Teekanne gleichen Modells. Die Black Opal 0,6 Liter und sagte: „Die da soll es sein. Ich lebe allein, die Größe ist perfekt für mich!" …oh mein Gott! Was ging da vor sich? Innerhalb dieses kurzen Zeitraums verkauften wir immer am Abend noch kurz vor Feierabend derart gewinnbringende Ware auf Ansage! Zufall? Naja, was soll ich sagen, wir versuchten dies anschließend noch ein paar Mal – jedoch ohne Erfolg. Man soll ja sein Glück auch nicht herausfordern oder wie schon ein chinesischer Philosoph zu sagen pflegte: Mut steht am Anfang des Handelns, Glück am Ende.

Hoffnung

*I*m Laufe der vergangenen Jahre erlebte ich viele Menschen, die sich, um einen guten Tee zu genießen, in ein Fachgeschäft begaben und sich mehr oder weniger für die Ware interessierten, die sie kauften. So manches Mal musste ich mich selbst hinterfragen, für wen ich mir eigentlich mein ganzes Wissen angeeignet hatte, wenn mir die Kunden eine Frage stellten, mir jedoch bei meiner Antwort gar nicht zuhörten. Bei einigen Kunden wäre ich gerne nach dem Verkauf mit raus vor die Tür gegangen, um mal zu fragen, was sie eigentlich von dem im Kopf behalten hatten, was ich gerade so hingebungsvoll erklärt hatte. Aber es gab auch andere. So erlebte ich auch immer wieder wissbegierige, oft junge Kundschaft, die sich mit Spannung von meinen Ausführungen in die bunte, weite Teewelt mitnehmen ließen. Auf diese Weise lernte ich eines Tages vor Jahren auch Tom kennen. Mit gerade einmal 15 stand er, seine Mutter im Rücken, vor mir und fragte schon damals nach einem „richtigen" Tee

ohne Aromatisierung, Früchte oder Gewürze wie sie Bengel in seinem Alter üblicherweise bevorzugten. Diesen Jungen konnte ich mehr begeistern mit tollem Oolong, grünem Tee aus Japan wie Matcha und feinsten schwarzen Tees aus Indien. Mein Gott, hatte der einen Bedarf an Tee. So wissbegierig forderte er schon damals alles aus mir heraus, was man über Tee erzählen konnte.

Zur Person von Tom bleibt noch zu sagen: er war jung, sportlich, Nichtraucher, gut erzogen, trank keinen Alkohol, hatte eine gepflegte, hübsche Erscheinung und eine hervorragende schulische Bildung mit sehr guten Englisch-Sprachkenntnissen. Also der perfekte Nachwuchs für einen guten Teataster. Ich versuchte ihn jedes Mal von diesem Beruf zu begeistern. Seiner Mutter gefiel diese Vorstellung anscheinend auch und sie unterstützte ihn nicht nur beim Sponsoring seiner guten, manchmal auch etwas kostspieligen, Tees.

Jedoch merkte ich nach einer Weile, dass er wohl doch einen anderen Weg einschlagen wollte – Polizist war fortan sein Wunschberuf. Zwischenzeitlich gesundheitlich außer Gefecht gesetzt, sollte er laut seiner Aussage eine Zeit lang auf klassischen Tee verzichten. Der Arzt diagnostizierte irgendwas mit vorübergehender Fehlfunktion eines Muskels am Herzen. Somit musste er eine Weile nicht nur beim Tee aussetzen, sondern sein Fitnessprogramm ebenso einschränken.

Nach einiger Zeit tauchte er jedoch wieder auf, um sich vorsichtig wieder an Tee zu gewöhnen und erzählte, er habe nun eine Freundin und wisse im Moment nicht, ob durch seinen Gesundheitszustand seine Karriere bei der

Polizei doch noch in Frage gestellt würde. Ich mochte ihn danach nicht mehr fragen, ob er noch Interesse an einem Beruf hätte, der mit Tee zu tun hat.

Schade, ein Hoffnungsträger wie er konnte gut Karriere als Teataster an den diversen Teebörsen verschiedener Kontinente oder bei einem der großen Teeimporteure in Deutschland machen. Eine andere wohldotierte Arbeit im Bereich Tee, die seinen speziellen Veranlagungen entspräche, hätte er sicherlich auch ausüben können.

Beruf entsteht aus dem Begriff Berufung.
Vielleicht konnte ich mit meinen Erfahrungen und diesen Zeilen dem einen oder anderen jungen Menschen ein wenig Lust auf diesen wundervollen Weg in die Berufswelt des Teehändlers machen.
Bleibt neugierig, was die Welt für euch zu bieten hat!
Denn: Tee erweitert den Horizont!